U0487215

国家出版基金项目
NATIONAL PUBLICATION FOUNDATION

"喜马拉雅深处的面孔"
民族口述影像志

喜马拉雅的艺术之花
——门巴、珞巴民族口述影像志：1956—1996

冀文正 / 摄影 口述　　焦虎三 / 整理

西南交通大学出版社
·成都·

图书在版编目（CIP）数据

喜马拉雅的艺术之花：门巴、珞巴民族口述影像志：1956-1996 / 冀文正摄影、口述；焦虎三整理. -- 成都：西南交通大学出版社，2024.10
（"喜马拉雅深处的面孔"民族口述影像志）
国家出版基金项目
ISBN 978-7-5643-9794-4

Ⅰ.①喜… Ⅱ.①冀… ②焦… Ⅲ.①门巴族 – 民族历史 – 中国 – 1956-1996 – 摄影集②珞巴族 – 民族历史 – 中国 – 1956-1996 – 摄影集 Ⅳ.①K286.7-64②K287.7-64

中国国家版本馆 CIP 数据核字（2024）第 075013 号

国家出版基金项目
"喜马拉雅深处的面孔"民族口述影像志
Ximalaya de Yishu zhi Hua：Menba Luoba Minzu Koushu Yingxiangzhi：1956-1996
喜马拉雅的艺术之花：门巴、珞巴民族口述影像志：1956-1996

冀文正 摄影 口述　　焦虎三 整理

出 版 人	王建琼
策 划 编 辑	易伯伦　张慧敏
责 任 编 辑	吴启威
责 任 校 对	张地木
书 籍 设 计	曹天擎
出 版 发 行	西南交通大学出版社 （四川省成都市金牛区二环路北一段 111 号 　西南交通大学创新大厦 21 楼）
营销部电话	028-87600564　028-87600533
邮 政 编 码	610031
网　　　址	http://www.xnjdcbs.com
印　　　刷	四川玖艺呈现印刷有限公司
成 品 尺 寸	170 mm × 240 mm
印　　　张	16
字　　　数	228 千
版　　　次	2024 年 10 月第 1 版
印　　　次	2024 年 10 月第 1 次
书　　　号	ISBN 978-7-5643-9794-4
定　　　价	69.00 元

图书如有印装质量问题　本社负责退换
版权所有　盗版必究　举报电话：028-87600562

凡 例

一、本书图片历史跨度长，图中涉及的行政区域与地点等，多有变迁。在编写时，我们采用了与图片拍摄时间相对应的称谓，即："老照片用旧名，新照片用新名"，以达尊重史实之目的。

二、本丛书作为口述的影像志，"影像口述"部分尊重当事人的亲历、亲见与亲闻，以口述文本为主。同时，为保证编写与引用资料的准确性，内容以我国政府白皮书和国内公开出版物为参考。相关文献分类与编录原则如下。

档案资料：以我国政府白皮书和国内公开出版物为主参考，引用注明出处。

背景资料：以我国政府白皮书和国内公开出版物为主参考，引用注明出处。

照片口述：根据当事者口述资料整理。

口述文献：根据当事者口述资料整理，注明口述者和整理者。

调查资料：根据当事者亲历调查资料整理，注明调查者（讲述人）和整理者（翻译者），部分标注采录时间与采录地点。

口头传统：根据门巴族、珞巴族民间文学选录，一般标注讲述人、翻译者，部分加注采录时间、采录地点与流传地区。

目　录

第一章　婚姻家庭 ……………………………… 1

第二章　生计活动 ……………………………… 15

第三章　道路交通 ……………………………… 63

第四章　节庆礼仪 ……………………………… 95

第五章　民居服饰 ……………………………… 115

第六章　信仰文化 ……………………………… 147

第七章　珞渝工作组 …………………………… 193

附录：我的摄影实践 …………………………… 229

冀文正门巴族、珞巴族相关著述年表 ………… 238

参考文献 ………………………………………… 243

后　记 …………………………………………… 249

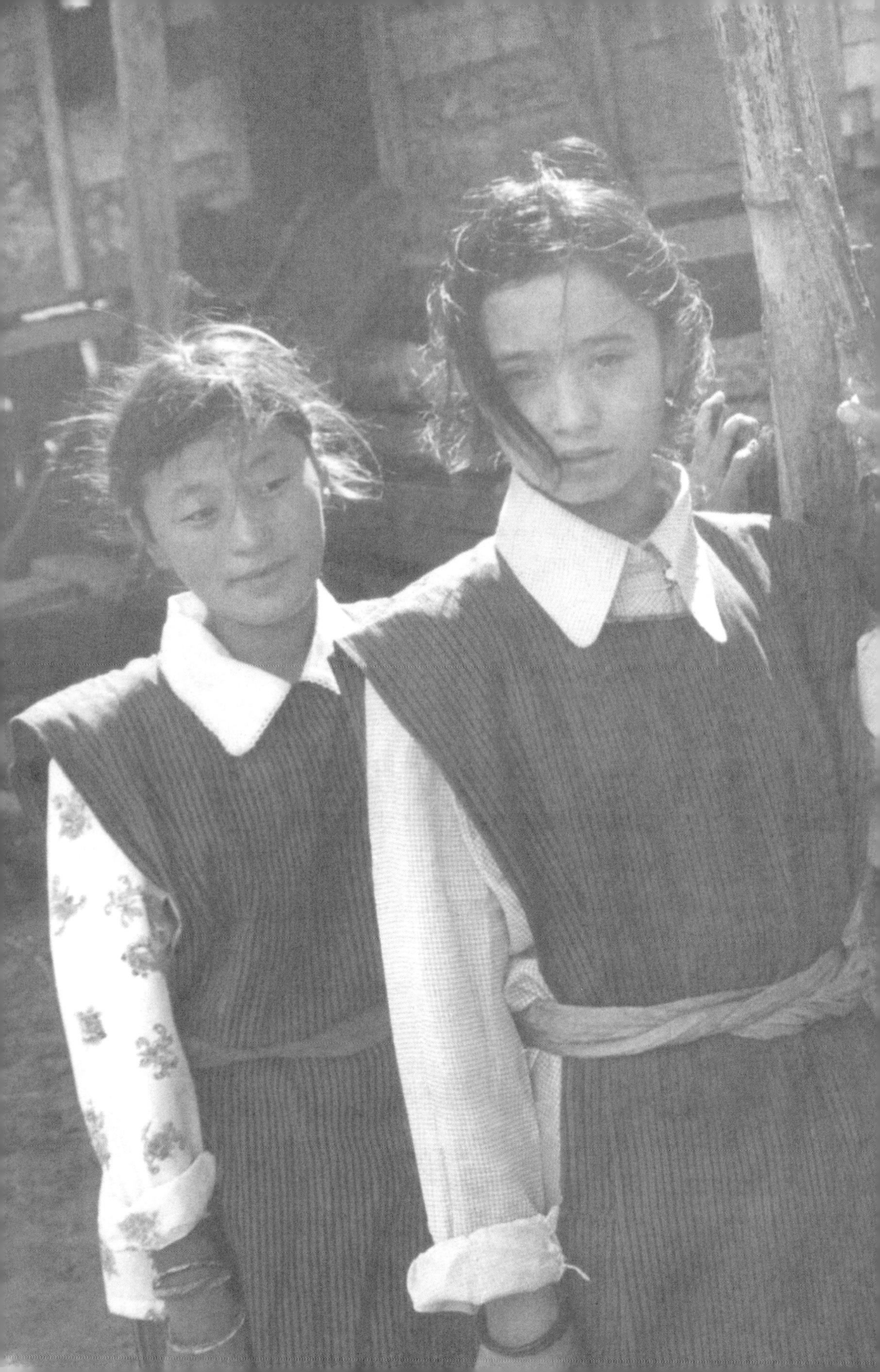

第一章
婚姻家庭

　　门巴族、珞巴族的主流婚姻和家庭形式是一夫一妻制。据抽测，这种婚姻和家庭占社会婚姻总数和家庭总数的80％以上，但这不是门巴族与珞巴族婚姻和家庭的唯一形式。历史上这两个民族的婚姻和家庭形式具有多样性的特点，一夫多妻和一妻多夫的古老婚姻遗俗和家庭形式，民主改革时仍然存在，现在已经消失。

　　珞巴族的传统婚姻是买卖包办，没有选择自由的。婚姻形态基本是一夫一妻制，但也有一夫多妻、一妻多夫的家庭，比如：达木村仁真刀杰是三夫一妻，家庭和睦；朱嘎的两妻系姐妹，朱嘎先和姐姐亚娜成婚，三年后同妹妹亚亚成婚，成为一夫二妻家庭。一夫多妻在不同阶层中表现情况不同。一般劳动群众的一夫多妻多属姐妹共夫，这种婚姻又多是男子入赘女家，与姐妹先后成婚。男子娶两个妻子的情况极少。这种一般劳动群众的姐妹共夫家庭，妻子之间在地位上是平等的，无主次之分，孩子叫亲生母亲为妈，比亲生母亲年长的叫大妈，比亲生母亲小的叫小妈。富有阶层的一夫多妻则表现为少数人的特权，家庭中的妻子之间有主次之分，大妻比小妻的权力大，家庭纠纷也多。一妻多夫的婚姻和家庭，可分为兄弟共妻和朋友共妻，这种婚姻和家庭形式多存在于一般劳动群众中间。兄弟共妻的一妻多夫，是在兄长结婚以后弟弟不另外娶妻而与嫂子同居形成的。朋友共妻情况，起初是一夫一妻，后因丈夫丧失了劳动能力，又招进一个丈夫，形成朋友共妻。在一妻多夫的婚姻和家庭中，妻子确认孩子的生父为阿爸，其他的父辈为叔叔。在有的地方则称母亲的前夫为大爸，后夫为小爸，无亲生父亲和非亲生父亲之别。一夫多妻家庭的生活由丈夫安排，一妻多夫家庭的生活由妻子安排。

　　与婚姻相联系的是门巴族的家庭形式。门巴族的家庭组成大多是一对夫妻构成的小家庭。小家庭由一对年轻夫妇和他们幼小的子女组成，有的还要供养夫妻双方年老的父母，形成三代同堂的家庭。在门巴族的家庭里，男女地位平等，他们有尊老爱幼的传统，家庭中很少有争吵和不和。但也有例外，他们对婚后不育和虽能生育但总是养不活孩子的妇女非常歧视，甚至骂其为"女鬼"。

门巴族、珞巴族妇女承担着繁重的社会劳动。在墨脱，除远山的刀耕火种地和耕地由男子完成外，其余农活多由妇女完成。妇女要同男子一样参加翻地、播种、守护庄稼、打场等劳动。有许多妇女还独自完成积肥、施肥、除草和收割等工作。有的村子，女子出嫁时有携带一套农具的习俗，可见农业是妇女劳动的重要领域。妇女在家务劳动中所起的作用更为显著，炊事、养猪和纺织主要由妇女承担。男子外出支乌拉[1]期间，家庭事务完全由妇女主持。在劳动力紧张时，妇女也要同男子一样参加乌拉运输。由于门巴族妇女与男子同样是社会财富的创造者，同时分担了家庭生活的重担，因而妇女有一定的独立地位。

【照片档案001】

图片说明：墨脱出土的新石器时代的石斧，证明墨脱在远古
　　　　　时期便有人类生息，绝非荒僻之地

拍摄时间：1996年6月

拍摄地点：墨脱县

---

1 乌拉：徭役，差役，力役之征。是ཨུ་ལག的音译。

【照片档案002】

图片说明：墨脱宗旁固村门巴族夫妻俩，男为白玛旺秋，女为索朗卓玛
拍摄时间：1955年8月
拍摄地点：墨脱宗旁固村

【照片口述】

　　昔日，由于长期受封建农奴制度的剥削和压迫，墨脱地区生产滞后，农业不发达，产量低，人们收入少，生活十分困难，人们天天为生计操劳，十分辛劳。

　　但门巴族与珞巴族十分友善，村民彼此很少发生纠纷，基本上没有争吵。家庭成员处处谦让，尊老成习，爱幼成规。

　　白玛旺秋对我讲，他与索朗卓玛结婚三十七年，夫妻没有吵过嘴、红过脸。他说："这是门巴族的习惯。"在门巴族与珞巴族家庭中，男女都要参加农业劳动，妇女们还要生育后代和从事纺织等事务，更为艰辛，所以格外受人尊重。

【照片档案003】

图片说明：墨脱宗旁固村门巴族母女俩
拍摄时间：1956年8月
拍摄地点：墨脱宗旁固村

【照片口述】

　　平常，门巴族妇女们一般不打扮，衣着朴实，不戴任何装饰品。但每逢节庆日时，她们可不是这副模样，她们会头戴"巴珠"（金、银、玉石饰品），胸前挂"嘎乌"（护身符），身着盛装，很是好看，姑娘更加靓丽，更惹人爱。

　　图片中的母女俩都是生产能手，不论插秧、松土、拔草、收割，还是纺织，都是行家里手。她们身上穿的衣服都是自己织布缝制而成的。

　　墨脱当地产棉花，棉花脱粒、纺线、织布、缝织一整套活路，妇女们都会操作。她们制作的布料还会远销西藏各地以及青海。

【照片档案004】

图片说明：墨脱宗帮辛村的三位门巴族老大爷

拍摄时间：1956年8月

拍摄地点：墨脱宗帮辛村

【照片口述】

尊老爱幼是门巴族社会一种普遍美德，比如，老者坐上席，头碗饭酒敬老人。他们无忧无虑地生活，社会地位很高。图中这三位老人在参加完晚宴聚会后合影。

门巴族敬老爱老的习俗已成为一种社会风尚，人人遵守，世代相传。这种习俗在许多文艺作品中也经常体现出来。

如一首民间歌谣唱道：

　　慈母膝下有仨儿，大儿二儿小儿子。

　　大儿高兴去内地，带回绸缎和首饰；

　　二儿高兴去印度，带回砖茶和供品；

　　小儿高兴住故乡，赡养恩重父母亲。

还有一首民间歌谣唱道：

　　恩重父母当坐上席，恩深父母饮头道酒；

　　恩祥父母首先进膳，情深父母应当长寿。

【照片档案005】

图片说明：墨脱宗珞巴族朱嘎（男）一夫两妻家庭，两位妻子系亲姐妹

拍摄时间：1956年10月

拍摄地点：墨脱宗

【照片口述】

　　珞巴族实行一夫一妻制的婚姻制度，这是主要形态，占总户数的百分之八十以上，并能维持到底。绝大多数家庭团结和睦。但是群婚制的残余还不少，有一夫二妻或三妻的，也有一妻多夫的，如达木村仁真刀杰一家三夫一妻。图上是墨脱村珞巴族朱嘎一夫二妻，朱嘎先同姐姐结婚后又同成年妹妹结婚。这种家庭不受社会讥议，家庭成员都会合理处理各种日常事务，以达和谐。

　　这里的群婚现象主要是为了婚后不分割财产。墨脱由于位处喜马拉雅山区，环境险恶，加上昔日交通艰险，无偿的乌拉差役又极其繁重，人们极其贫穷，这种婚姻制度可以解决家庭部分的困难。

【照片档案006】

图片说明：门巴族阿达幸福的一家

拍摄时间：1988年8月

拍摄地点：墨脱县

【照片口述】

这是墨脱村门巴族阿达一家。阿达，生于1943年。他曾积极参加对敌自卫反击作战。

1965年，他参加林芝军分区青训队学习，结业后分派在墨脱县工作，后任县农牧局局长。像他这样的干部，在墨脱有20多名。

伙房

【照片档案 007】

图片说明：门巴族母女俩
拍摄时间：1991年8月
拍摄地点：墨脱县甘登乡

【照片口述】

  门巴族的家庭十分和睦。家庭成员都互相礼让，尊重对方，关心对方，先人后己，因此，家庭矛盾很少，即使有些矛盾、不和，也能忍耐、理解、容纳对方，闹财产纠纷的很少。一般都组成大家庭，成员有十多名。尊老爱幼是良好的社会风尚。

  这是妈妈在对年轻闺女讲家风、家规，进行家教。门巴族只有语言而没有文字，因此特别重视口头传承。家务事之类，长辈都会面对面传授给晚辈，晚辈也听得进去，也愿遵守。门巴族和珞巴族的民间文学也是依靠口头传承代代相传下来的。

【照片档案008】

图片说明：门巴族少女
拍摄时间：1991年8月
拍摄地点：墨脱县墨脱村

【照片口述】

　　这是姐姐措姆（右）在给妹妹扎西（中）和女友益西（左）讲故事。我当时正在旁边倾听，她正在说："江安叔叔发明了石锅，又用石锅哄骗了农奴主，门巴族人才会安居乐业……"她讲的正是门巴族机智人物江安的故事——《石锅的由来》。

【照片档案009】

图片说明：坐在吊脚竹楼楼梯上的珞巴族儿童
拍摄时间：1991年8月
拍摄地点：墨脱县

【照片口述】

　　珞巴族的民居是吊脚竹楼，一般是三层，中层住人。上下层之间竖有木梯，以便上下。木梯有两种：一种是粗圆木刻阶为梯，一般为八级；另一种如图中所示，一般也是八级台阶。

【照片档案010】

图片说明：背小弟弟的珞巴族儿童
拍摄时间：1991年8月
拍摄地点：墨脱县甘登乡

【照片口述】

　　13岁的哥哥背着3岁的弟弟去走亲戚。尊老爱幼是珞巴族的传统美德，也是珞巴族社会普遍的社会现象。这种行为被珞巴族人视为高尚的品德，人人自觉遵守，也人人身践力行。

　　珞巴族家庭和睦远近闻名。他们家中矛盾少，不争吵，遇到问题总是互相谦让、包容。

【照片档案 011】
图片说明：幸福的珞巴族百岁老人
拍摄时间：1996 年 10 月
拍摄地点：墨脱县甘登乡洛果村

【照片档案 012】
图片说明：区委干部为长寿老人敬酒
拍摄时间：1996 年 10 月
拍摄地点：墨脱县甘登乡洛果村

【照片口述】

珞巴族有许多歌谣赞颂父母的教养之恩，教导后人尊老敬老，其中一首唱道：

> 鸟儿唱得欢，是林中的树好；
> 鱼儿游得欢，是河里的水好；
> 牛羊长得壮，是牧场的草好；
> 稻粮装满仓，是珞渝的人好；
> 青年善射箭，是长辈教得好。

图中为 103 岁的珞巴族老人达确，他虽年逾百岁，但身体健康，行动自如。老人儿孙成群，受到全社会的尊重，受到优待，过着幸福的晚年生活。县、区、乡干部也经常看望老人，赠送慰问品。图为时任区委书记白玛为老人敬酒。达确最爱讲的一句话是："生活在新社会胜似天堂！"

【照片档案 013】

图片说明：仁青崩寺下的门巴族夫妻
拍摄时间：2006 年 10 月
拍摄地点：墨脱县仁青崩寺周边

【照片口述】

　　此户人家位于半山腰，守着贫瘠的一亩三分地，并无其他民居与之相伴。为了拍照，女主人特意换上她最好的衣服，戴上最珍贵的饰品，以求达到最好的效果。

第二章
生计活动

　　农业是门巴族、珞巴族的支柱产业，锄耕、犁耕（木犁）和刀耕火种并存，畜牧业次之。在门隅北部靠近藏族聚居区的高山草场，有农民兼营的畜牧业。家畜家禽饲养普遍。作为家庭副业的手工业门类较多，有的手工业已从农业中分离出来。

　　墨脱地区的门巴族、珞巴族主要居住在雅鲁藏布大峡谷两岸的山坡地带，该地四季无霜，农作物以玉米、稻米和鸡爪谷为主。瓜果蔬菜种类多，有萝卜、白菜、葱、蒜、辣椒、冬瓜、南瓜、黄瓜、香蕉等。辣椒为特产，大量输出至外地。墨脱土地分刀耕火种地和常耕地。刀耕火种地面积较大，占种植面积的70%以上，距村庄较远。常耕地约占种植面积的30%，多数为旱地，距村庄较近的地方有少量水田。

　　除了农业、手工业和副业生产，门巴族、珞巴族还从事狩猎。平时，男子出门，多随身携带弓箭，不放过任何一个可以猎获野兽的机会。夏季，在看守庄稼时，常设法捕猎猴、野猪、熊和山羊等，既可以防止兽害，又可增加收入，是一举两得的事情。夏季还是捕猎獐子获取麝香的季节。猎手们常三三两两邀约进入森林，用放套的方式捕捉或用弓箭射杀，也有用火药枪射击的。冬季，野牛是主要狩猎对象。捕野牛的场面较大，若干人共同行动。为了减轻重量，便于运输，猎手们一般要先将肉割成肉条，烤得半干。牛肉由参加狩猎者均分，村内户户也都可得一份（约3000克）肉干。平均分配成了传统习俗。

墨脱地区野生植物种类很多，有的含有较多的淀粉，可与粮食搭配充饥。缺粮时，人们常采集野生植物食用。

中华人民共和国成立前，珞渝地区生产力水平极度低下，经济社会发展相当落后，基础设施建设很差。一些地区还处在刀耕火种的原始状态，部分地区铁器尚未得到普遍使用，有的地方甚至还在使用木器、石器。少数民族群众的生活十分困苦，发展受到严重阻碍。

20世纪70年代末实行改革开放政策以来，国家坚持以经济建设为中心，把发展作为第一要务，不断加大工作力度，采取多项重大措施加快民族地区发展。多年来，民族地区始终发扬自力更生、艰苦奋斗的精神，坚持把国家支持、发达地区支援同自身努力结合起来，把国家的优惠政策同发挥自身优势结合起来，奋发图强，用自己的双手建设美好家园。经过全国各族人民的共同团结奋斗，民族地区经济社会发展不断跃上新台阶，彻底摆脱了一穷二白的落后面貌，人民生活进入了历史上最好的时期。

【照片档案 014】

图片说明：墨脱"挂在山上的水田"
拍摄时间：1956年5月
拍摄地点：墨脱宗珠村

【照片口述】

纵观墨脱三地，墨脱水田稍多些，地势平坦。帮辛地区的珠村、帮辛村和旁固村的梯田均在山坡上，平地极少。因水稻产量高，口感又好，群众因地制宜尽量开垦一些水田，栽插水稻。群众有实践经验，将田畦分成小块，以防止被水冲垮。水稻一般亩产500~700斤（1斤=500克）。

珞堆卡地区位于雅鲁藏布大峡谷之中，平地极少。但气候好，适合种植水稻。这里的群众爱吃大米，因此在不少山坡上开出梯田。梯田依山而建，层层叠加，被誉为"挂在山上的水田"。

【照片档案015】

图片说明：大峡谷入口处的农田
拍摄时间：1957年7月
拍摄地点：则拉岗宗派村

【照片口述】

　　派村一年收获两季。秋收后，于9月份再补种一季荞麦或圆根。
　　图中为雅鲁藏布江入口处则拉岗宗派村附近的达图卡村，这里居住着十四户藏族、三户门巴族和两户珞巴族，他们世代和睦相处，亲如一家。

【照片档案 016】

图片说明：墨脱依山势而修
　　　　　的梯田
拍摄时间：2006 年 10 月
拍摄地点：墨脱县

【照片口述】

　　墨脱县位于雅鲁藏布大峡谷内，山高沟深，一些平坦的坡地用刀耕火种的方法开垦出来。当地人格外珍惜，悉心照料。

【照片档案 017】

图片说明：墨脱坡地上的农地
拍摄时间：2006 年 10 月
拍摄地点：墨脱县

【照片口述】

　　有的坡地位于大山深处，为了方便耕作，照料作物，并防止动物对作物的破坏，人们就在田地旁筑房而居。其田地与民居及村没有任何距离，直接由各个住屋向沟沟坎坎延伸着。

【照片档案018】

图片说明：二牛抬杠耕地

拍摄时间：1954年7月

拍摄地点：金珠宗布龙村

【照片口述】

在西藏，不管是藏族居住的城镇地区，还是其他边远山区，如墨脱村落附近的可耕土地，农耕都使用二牛抬杠的耕作方式，这是一种原始的农耕作业方法。

墨脱的二牛抬杠，犁全系木质，犁体是用结实而轻巧的桤木制成，犁尖大多数为青冈木，当然，也有极个别用铁犁头的。昔日，在墨脱有一句农谚"铁比金缺"，这也说明当地铁器的极度缺乏。

二牛抬杠时，木犁置于两头牛之间，耕牛头角系上藤绳用以固定木犁。用纯木犁的二牛抬杠耕地效率低下，十分累人。

【背景资料】

中国的犁由耒耜发展演变而成。犁约出现于商朝，见于甲骨文的记载。

二牛抬杠是一种传统耕作技术，也称"二牛三夫"耕作法。耕作时，两牛相距七八尺，中间横抬一"杠"，"杠"后接续辕犁。一人在前牵牛；一人坐于"杠"上，脚踏辕犁，控制犁铧入土深浅；一人在后扶持犁把。

在西藏地区，二牛抬杠的耕法历史也很久。据《西藏王统记》记载：上丁二王时（约公元前2世纪），古代藏族人民已"制犁与轭，合二牛轭，垦平原以为田"。西藏一些地区，如拉萨郊区的二牛抬杠，有别于汉族地区，其特点是将一木质横杠的两端分别系于并列的二牛牛角上，犁架与横杠连接，以牛角曳犁。这是藏族人民因地制宜而采取的特殊犁耕方式。墨脱地区的二牛抬杠，也使用这种方式。

唐柯三1931年在《赴康日记》中曾记："二牛耕田，其法极拙。以二牛并列，绳连其鼻，架横木于牛角上，互相维系，牛一用力，刚昂其首，似甚苦楚。牛之着力在肩，康人不知利用其肩，而用其角，其费力多而收效微。犁用木制，入土不深。"可知此耕法，费力甚苦。

【照片档案019】

图片说明：帮辛地区门巴族村民犁地

拍摄时间：1955年6月

拍摄地点：帮辛地区帮辛村

【照片口述】

　　墨脱县平地很少，水田全县仅千余亩。土地分三种，第一种是平地，即耕种水田，一般为靠近河流的平地。第二种是旱地，一般为村庄附近的平地。一般种植旱稻、鸡爪谷。以上两种各占宗土地面积的五分之一左右。第三种是刀耕火种地，这是主要耕地，一般种植高产的玉米。刀耕火种地又分两种，一种是刚砍伐的林地，一般种植两年，另一种是年年轮换的林地，即种一季便让其荒芜3~5年。然后，再砍伐种一季又轮休了。

　　墨脱县用牛耕地的仅仅限于平地多的地方。金珠全部用牛耕地。上珞渝的帮辛村、珠村的平地（旱地）用牛翻耕土地。墨脱宗的墨脱村、亚让村、德兴村、荷扎村、背崩村、地东村的旱地用牛耕地。

　　图为帮辛村门巴族农民在耕种旱地，准备栽插鸡爪谷禾苗。

【照片档案020】

图片说明：墨脱宗背崩村村民犁水田，一人在前面牵牛，一人在后面扶犁
拍摄时间：1956年5月
拍摄地点：墨脱宗背崩村

【照片口述】

　　墨脱宗所用木犁犁尖原是青冈木，也有少数用铁犁尖的。

　　所谓"二牛抬杠"，是一根横木置于两头耕牛的颈部，绳索拴在木杠和牛角上，一人牵引，一人扶犁，一天可耕3亩多水田。

　　墨脱的耕牛大如野牛，一头有700多斤，个大毛短，传说是湖中的野牛同黄牛杂交的后代。珞巴族有一首民歌赞道：

　　　　珞渝牛尾长又粗，珞渝庄稼四季熟。

　　　　只要不怕多流汗，日日月月不饿肚。

　　门巴族也看重耕牛，他们的一首民歌也唱道：

　　　　珞渝牛尾一缕粗，珞渝庄稼四季熟。

　　　　只要不怕多流汗，月月日日不饿肚。

【照片档案021】

图片说明：墨脱宗背崩村村民犁田

拍摄时间：1956年5月

拍摄地点：墨脱宗背崩村

【照片口述】

二牛抬杠是一种原始的耕作方法，因牛角的力量总没有牛全身的力量大。其速度慢且相当费力，加上墨脱的耕牛体形大，重达几百斤，十分费力。

在墨脱，耕牛价值昂贵，一头耕牛可换回两头奶牛。而一头耕牛也能抵二十多个劳力。在当时，一头耕牛可换80块银圆（一头奶牛才值25块银圆），耕牛的多少也成为家庭富裕与否的象征。

由于山区劳动强度大，耕牛的作用愈显重要，人民对耕牛也十分偏爱，独管单喂，使用时也很少鞭打。

【照片档案 022】

图片说明：墨脱宗背崩村村民犁水田，一块大田靠多人合作才能完成

拍摄时间：1956 年 5 月

拍摄地点：墨脱宗背崩村

【照片口述】

　　在大峡谷里，劳动强度大，珞巴族和门巴族人民互助的习俗很值得赞扬，一般是一换一、二换二，即你帮我干一天农活，我也还你一天；如果帮工多于换工，一般是给四升粮食。

　　耕牛在这里也很受器重。它们多吃精饲料，平时吃青草，很少挨鞭。

【照片档案 023】

图片说明：储草备荒
拍摄时间：1956年11月
拍摄地点：墨脱宗珞果村

【照片口述】

  墨脱的牧业不太发达，因放牧的草地极少，故以圈养为主。

  农民也相当重视畜牧业生产，牲畜多少也是贫富的象征。故母畜特别受重视。人们想办法提高出栏率，减少死亡率。防治家畜疾病是重点。储足青草饲料也格外重要，它可大大减少"春死关"幼畜的死亡。

  秋天是储草季节，家家都忙于储备足够的饲草。

【照片档案 024】

图片说明：储草备荒
拍摄时间：1956 年 11 月
拍摄地点：墨脱宗珞果村

【照片口述】

　　在墨脱的一些高寒村落，尤其是位于海拔 7782 米的南迦巴瓦峰下的村落，冬季寒气袭人。这里的珞巴族农民为了提高牲畜的成活率，减少牲畜的死亡率，让牲畜安全、顺利渡过"春死关"，在头年秋季便会储足过冬的饲草。

　　秋季时，饲草会被绞成草串串，挂在木架上，让其自然风干。风干后的饲草，营养价值高，牲畜也特别爱吃。

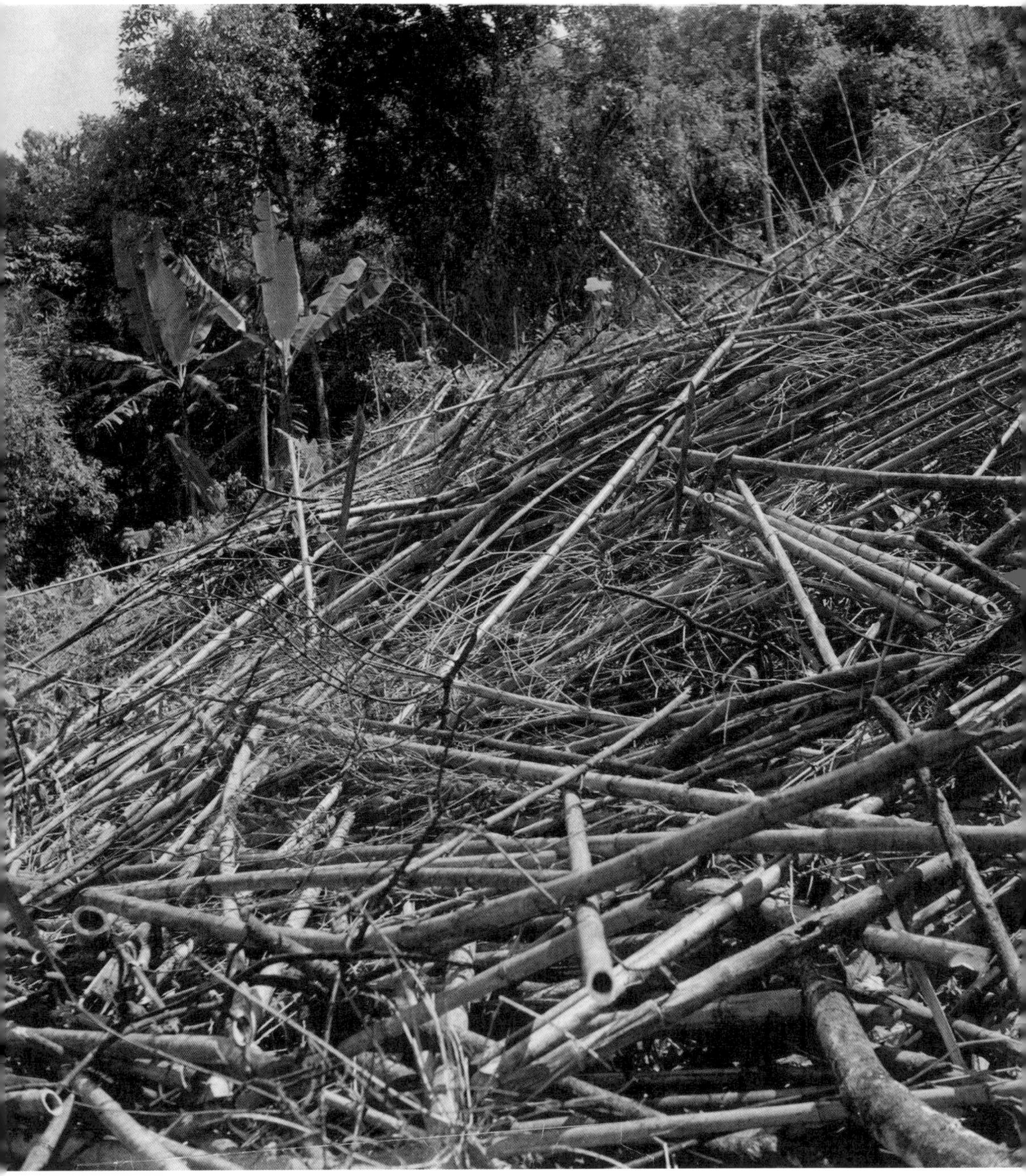

【照片档案 025】

　　图片说明：即将被点燃的砍伐后的林地

　　拍摄时间：1955 年 4 月

　　拍摄地点：墨脱宗墨脱村

【照片口述】

　　刀耕火种是一种原始的耕作方式，它的基本做法就是砍倒树木，放火烧山，戳土点种。门巴族刀耕火种的具体做法是：先砍树，如果是在原始森林里开地，种地前一年的藏历十月就要开始砍树，若是轮歇后的刀耕火种地则开地时间稍晚，可在藏历一月开始砍树。砍树时先砍灌木丛和小树，7～15 天以后再砍大树。因为灌木丛和小树先砍倒晒干，堆在大树下面，可以作为引火的底柴。到了春天，砍倒的树木已经半干，只要有连续三天以上的晴天，即可点火。点火时，顺风由下往上，火借助风力猛烈燃烧，一夜之间，一片被砍倒的树木便化为灰烬。地开得好不好的标志是看砍倒的树木是否烧透。若烧得透则灰烬多，地的肥力强，新的草木萌发也慢，对庄稼生长有利。若烧不透，不但灰烬少，肥力弱，而且未烧死草木的根部再生能力极强，很快就长出新芽新枝，有的草木的新枝将超过庄稼的高度，严重影响农作物的生长。

　　刀耕火种地多是点种玉米，农民将木棒削尖，戳土点种，每穴两颗种子。早玉米 3 月种 8 月收，晚玉米 5 月种 10 月收。玉米苗长到 15 厘米高时除草一次，以后基本上不再过问。庄稼生长期不施肥料。原始森林开出的地肥力强，可连续种两年后丢荒轮作。多次种过的刀耕火种地，种一年肥力就会下降，必须换新的地块。

【口述文献】

珞巴族的刀耕火种

口述人：冀文正
整　理：焦虎三

珞巴族传说中，他们的先民曾使用鹿角、羚角耕翻土地。据米新巴部落的老人讲，十代以前他们的祖先曾使用兽骨、石器等粗糙工具农耕和采集，维持低下的生活水平。狩猎也是采取围打、围捕、陷阱、绳套等办法，后来发明了弓箭，但箭头还是竹质的。接近藏族聚居区的地方，使用铁器有300多年的历史；在珞渝的腹心地带，使用铁器农耕，也只是两三代人的事。那之前，珞巴人还过着"不耕不织，穴处巢居，冬衣兽皮，夏衣木叶"的游猎生活。随着铁器的输入，珞巴族的生产生活发生了重大变化。

珞渝地区的耕地有水田、旱地、园圃地三种。水田约占耕地面积的20%。旱地占耕地面积的50%以上，其中1/3休耕，以待恢复地力。园圃地离家近，便于施肥和精耕细作，地边架有篱笆，主要种植各种蔬菜，边沿栽植香蕉、甘蔗等。

旱地以刀耕火种为主。这种地多在离村较远、阳光照射充足的山腰林间。被砍伐的乔木和灌木燃烧后留在地上的草木灰是天然肥料，可以大大提高土壤肥力，促进农作物生长。

每年11月至来年2月为刀砍季节。若是新垦林地要早砍，在入春之前砍完；若是轮休地，则过年后砍伐。腰粗的树木砍成数截后，弃置暴晒。每年的3—5月为旱季，也是点火季节。在方圆两三天路程内统一点火，由氏族或部落首领指定点火日期。砍倒的树木和杂草灌木，经过几个月的暴晒，一触火就噼里啪啦地燃烧起来，火舌高达十几米，一块地往往要烧三五天。在烧火的日子里，烟雾缭绕，不见天日。树木杂草化为灰烬，即是含氮、磷、钾较高的复合底肥，厚达10～20厘米。火烧得越透，土壤肥力越高，杂草越少，庄稼长得越好。烧林后一周捡除未烧尽的树枝，便可下种了。高秆作物用木棒戳洞点播，小粒种子则撒播，松土覆盖。刀耕火种的农作物在抽穗扬花前拔草一次。刀耕火种地省工省时，村庄附近肥力不足的常耕地反而不及它的产量高，因此，珞巴族人很喜欢这种耕作方式。

耕作的粗放决定了农作物产量的不稳定性。年景好，收成可达种子的五十几倍，一般年份仅收回种子的二十几倍。每当庄稼成熟的时候，猴、野猪、熊糟蹋庄稼的现象十分严重，甚至一夜之间就能将庄稼毁坏殆尽。珞渝地区少有旱灾、虫灾和病害，半个世纪里涝灾只发生过两次。

播种完后，家家户户在刀耕火种地头，举行祈丰收祭仪。每户做十升大米饭和一石锅菜，盛入竹皿和木碗中，放在地边，向地神祈祷："请保佑丰收，不遭兽害。"

秋收前，人们举行望果节活动。人们在村内公房旁，摆上各种粮食，敬献酒肉，祈求"年年丰收，人丁兴旺"。之后用大石锅煮肉，湿竹筒做米饭，人均一份，连续欢度五天。

7、8月份是夏收，主要收获青稞、小麦、早熟玉米、小米等。11月是秋收，主要收获稻谷、晚熟玉米、鸡爪谷、豆类等。收获的方法因作物而异。水旱稻、鸡爪谷、小米是用两根竹棍夹掉穗头，玉米是掰棒子，小麦、豆类是连秆收割。刀耕火种地里建有离地一米多高的竹楼，所收粮食全部储藏于内，不上锁，随吃随取，没有丢粮现象。

【照片档案026】

图片说明：墨脱宗背崩村门巴族村民砍伐森林，晒干便于燃烧，进行耕种，俗称"刀耕火种"

拍摄时间：1956年5月

拍摄地点：墨脱宗背崩村

【照片口述】

　　人们一听说"刀耕火种"，首先会感觉这是一种落后的生产方式。但在墨脱，这却是因地制宜的一种生计方式。

　　墨脱位于喜马拉雅山区中大峡谷核心部位，全县平地很少，可耕地更少得可怜。平地少，水田少，怎么生存？

　　当地人民因地制宜，从实际出发，采用了刀耕火种的耕作方法。墨脱的刀耕火种有许多讲究，使用时不会破坏周边的森林，也不会造成火灾（起码我在墨脱没有见过失火的例子）。

　　当地群众的主食70%是依靠刀耕火种收获而得的玉米、旱稻等。

【照片档案027】

图片说明：墨脱宗当布村门巴族村民布卓嘎刀耕火种时点火烧林

拍摄时间：1956年5月

拍摄地点：墨脱宗当布村

【照片口述】

门巴族村民一般砍伐森林后，会晒干再点火燃烧，待砍伐的林木烧尽时，再撒播种子（旱稻）或点播玉米。

刀耕火种地一般选在朝阳、山坡比较平缓而不会引发塌方的地方。收获粮食储存于林地中间搭建的"克"（粮仓）里。"克"距地两米高，不上锁，也无人看管，主人随吃随取。我在此县务政16年，没有听说也没有收到过"克"丢失（被偷）的投诉。因此，善良而淳朴的珞巴族、门巴族被誉为"不上锁的民族"。

【照片档案 028】

图片说明：多雄拉姆姑娘披上独特的雨披在田中松土
拍摄时间：1956年5月
拍摄地点：墨脱宗墨脱村

【照片口述】

　　墨脱宗的雅鲁藏布江是个大通道，印度洋的暖风给这里带来了丰沛的水分，年降雨量在4000毫米左右。这里没有旱灾，历史上水灾和虫灾居多。夏季农民劳动时，身披一个自制的"雨披"。雨披似贝壳，由两层竹篾中夹香蕉叶制成，轻巧且防水性能又好，深受农民的喜爱。

　　盛夏又是珞巴族、门巴族农业劳作的主要季节，村民劳动强度较大，同时高温、多蚊虫，雨水又较集中。天气炎热时，劳作者衣着单薄，当地人又很少穿长裤，因此劳动者人人背后拴上一根点燃而冒烟的艾叶，用于防止蚊虫叮咬。

【照片档案029】

图片说明：派村农民拔草松土

拍摄时间：1956年5月

拍摄地点：则拉岗宗派村

【照片口述】

  在封建农奴制的剥削压榨下，广大农奴生产积极性普遍不高。但为了自己的生存，只好提高单产，力所能及做到精耕细作。

  在1959年民主改革以前，封建农奴制度严重制约了生产力的发展。为了改善人民的生活，我们工作组干部尽力根据当地的客观条件动员农民尽量做到精耕细作，多打粮食。派村的珞巴族和门巴族农民互相帮助，共同搞好生产，改善生活。

【照片档案030】

图片说明：派村农民耕作
拍摄时间：1957年5月
拍摄地点：则拉岗宗派村

【照片口述】

　　派村有两户门巴族、五户珞巴族，他们同藏族和睦相处，互相换工，互相支援。他们都很包容，求同存异，互不排斥、歧视。节假日互请互让，亲如家人。图中珞巴族、门巴族农民同藏族农民一道耕作，亲如一家。

喜马拉雅的艺术之花——门巴、珞巴民族口述影像志：1956—1996

【照片档案 031】

图片说明：派村农民在田地里薅草
拍摄时间：1957 年 5 月
拍摄地点：则拉岗宗派村

【照片口述】

　　派村共有三户门巴族，这是其中一户在劳作。

　　门巴族是个能歌善舞的民族，"会说话就会唱歌，会走路就会跳舞"正是他们的真实写照。他们在田间劳动时也歌声不断，内容有表达生活与生产艰辛的苦歌，也有控诉黑暗的农奴制的悲歌。其中一首唱道：

　　　　僧人天天讲天堂，珞渝人民却遭殃。
　　　　地狱里头度时光，谁知天堂在何方？

【照片档案032】

图片说明：墨脱宗背崩村所产良种稻谷
拍摄时间：1956年9月
拍摄地点：墨脱县背崩村

【照片口述】

　　墨脱大峡谷中的农业生产相当落后，种子退化，耕作粗放，产量不高。工作组动员群众精选良种，图中是一株高产的品种：18个叉枝，颗粒290个，这个良种若种植的话，总产可提高15%。

　　我在庄稼成熟季节，会及时召开年轻人现场会，精选良种。在一块地的中间，同等条件，植株情况各异，选择那些植株高低适中、分蘖多、籽实饱满的作为选种对象。

【照片档案033】

图片说明：帮辛地区村民收割早熟鸡爪谷

拍摄时间：1955年6月

拍摄地点：帮辛地区帮辛村

【照片口述】

墨脱宗气候炎热，一年可以三种三收，一般都有早晚品种，比如"贡布"或"蔓加"（鸡爪谷）就有早熟品种和晚熟品种。早熟品种生长周期短而产量低。而晚熟品种生长期长但产量高，亩产500斤很平常。

"贡布"或"蔓加"为门巴族称呼，即"鸡爪谷"，因形似鸡爪而得名，籽实犹似白菜籽。实际上，当地"鸡爪谷"分两种：一种形似鸡爪；另一种却像猫爪，圆形。

"贡布"或"蔓加"为耐旱农作物，营养价值很高，是酿造甜酒的主要原料；它和玉米及"达协"（棕树粉），是当地人酿造白酒的三种原料。

【照片档案 034】

图片说明：收获鸡爪谷
拍摄时间：1957年7月
拍摄地点：墨脱宗背崩村

【照片口述】

　　背崩村海拔670米，位于雅鲁藏布江边，属于亚热带气候。该村盛产香蕉、甘蔗、水稻和鸡爪谷，在当时的墨脱地区，算是个富庶的山村。

【照片档案 035】

图片说明：选好了种，才能高产
拍摄时间：1957年7月
拍摄地点：金珠宗格当村

【照片口述】

　　墨脱地处准热带、亚热带，发展农业的条件十分优越，但在封建农奴制度的压榨剥削下，生产力极其低下。其中，种子老（退）化是低产的原因之一。我们动员群众科学种田，这个方法群众也容易接受，如精选种子的方法就推广得很普遍。往往头年推广，第二年就立竿见影，产量大增。

　　在那时，领导群众搞好生产，增加收入，改善生活十分重要，是我们扎根并巩固边防的重要举措。

【照片档案036】

图片说明：背藤筐的门巴族妇女，一根藤带系于额头，便于背运时省力
拍摄时间：1991年10月
拍摄地点：墨脱县

【照片口述】

  墨脱县稻谷、鸡爪谷均是收获穗头，烧掉秆秆，以利肥田。

  墨脱是个山区，一首歌谣唱道："出门到江边，上山钻云端。两岸说话能听见，走起来得一天。"原墨脱宗没有一条完整的骡马驿道，全是"猴子路"[1]。群众也少喂养驮畜，全靠人背肩扛。田地一般也离村较远，运输也靠人背运，男女下田劳作时均背一个藤编背筐，筐后部可以打开，便于装用具、杂物。

  背筐上有一根四指宽的藤篾编织的"荣地"（背绳）。背时将绳头置于额头，背筐上另有两根背绳，置于两肩。一般背筐可背负百来斤，个别强壮者可背一百几十斤，不过，背负劳动强度很大，体力消耗不小。

---

1 "猴子路"是当地人对通往墨脱的交通道路的形容，意为悬崖峭壁，只有猴子能攀爬而过，行人难以逾越。

【照片档案037】

图片说明：墨脱村村民收割鸡爪谷

拍摄时间：1996年10月

拍摄地点：墨脱县墨脱村

【照片口述】

　　这是门巴族农民在收割鸡爪谷早熟品种。亩产仅300斤左右，植株穗头小，籽粒相应也小些。因缺口粮，当地不得已才种植早熟品种。

　　墨脱的农作物品种很多，即使同一品种也有早熟和晚熟之分。早熟品种生长时间短，但产量低，如被称为"珠久玛"的玉米，生产期仅60天，但亩产仅有300来斤。种植早熟品种，多是贫困户缺食时，为补足口粮不得已而使用的办法。

　　晚熟品种生长期约在4个月，亩产最少也有800斤，土地肥沃处可达上千斤。

【照片档案038】

图片说明：墨脱村村民收割鸡爪谷
拍摄时间：1996年10月
拍摄地点：墨脱县墨脱村

【照片口述】

　　当地水田多的地方，群众主食的二分之一是大米，余下的玉米和鸡爪谷各占一半；水田少的地方，玉米和鸡爪谷是主食。农民也重视品种和田间管理，晚熟鸡爪谷的穗头比早熟品种大一倍，籽实饱满，因此产量高，群众重视，但花费的劳力也多。

【照片档案 039】

图片说明：墨脱村村民采用现代电动机器脱粒
拍摄时间：1996 年 10 月
拍摄地点：墨脱县墨脱村

【照片口述】

  原先墨脱各地，稻谷脱粒完全是脚踩，效率低，人也劳累。解放后，我们采用电动或甩打的方法，给群众示范，该法逐步得到推广。

  墨脱人民欢迎新生事物，也欢迎科学技术，如我们用"母壮子肥"的道理向群众宣讲，指导精选作物品种，人人信服并主动运用。改进的耕作方法也深受他们欢迎。农民眼见为实，当他们看见稻谷脱粒采用甩打或简易脱粒机，比用脚踩轻巧又效率高后，纷纷采用新方法与新工具脱粒。相信科学渐渐成为社会新风尚。

【照片档案040】

图片说明：门巴族小孩舂稻谷
拍摄时间：1996年10月
拍摄地点：墨脱县墨脱村

【照片口述】

　　墨脱属于贫困山区,在墨脱地区解放以前,当地一所小学也没有,学龄儿童是百分之百的文盲。所有家庭小孩从10来岁就是劳动力了。现在教育条件完全改变了,但孩子也会干些轻微劳动。

　　在当地,鸡爪谷脱粒的唯一方法就是舂米,这种方式也可为稻谷脱粒。

【背景资料】

　　衡量一个民族教育发展的水平,一个重要的依据是看其适龄儿童入学率的高低。据统计,1992年,珞巴族适龄儿童入学率不足70%,巩固率就更低。而到2005年,墨脱县全县适龄儿童1339人,在校学龄人口1308人,入学率已达97.68%。墨脱县已通过"普六"验收,正为"普九"任务的完成而加紧工作。2005年,在西藏全区小学升学考试中仅墨脱就有7名学生被内地西藏班录取,参加中考的29名学生,其中24名考入林芝一中,其余5名学生分别被自治区内的其他高中录取,中考升学率为100%。

　　随着教育的普及和夜校持之以恒地开办,随着当地经济的发展和其他科技文化事业的兴起,门巴族、珞巴族的整体文化素质已有了显著的提高,全社会的文盲率正逐年降低。爱科学、学文化的新风尚正在当地社会中树立起来。[1]

1　《珞巴族简史》编写组:《珞巴族简史》,民族出版社2009年版,第131页。

【照片档案041】

图片说明：墨脱村村民收割鸡爪谷
拍摄时间：1997年4月
拍摄地点：墨脱县墨脱村

【照片口述】

  墨脱县不少农民因缺口粮，多种一些早熟品种，如早熟鸡爪谷、"珠久玛"（60天早熟玉米）等，以弥补口粮之不足。

【照片档案 042】

图片说明：墨脱县门巴族群众架设渡槽引水灌溉农田

拍摄时间：1964 年 7 月

拍摄地点：墨脱县衣贡白村

【照片口述】

  水是农业的命脉，墨脱的农民对此深有体会。他们也十分看重水利建设，因地制宜地采用了开渠引水、水池积水、建竹木渡槽引水等措施。

  墨脱许多村庄缺水，饮水不足，灌溉更为困难。由于山涧塌方多，故架渡槽引水材料多且简单又安全。

【照片档案043】

图片说明：开槽引水
拍摄时间：1956年5月
拍摄地点：墨脱宗地东村

【照片口述】

　　这里的"莫邦大坝"是当地有名的平坝，共有500多亩（1亩≈667平方米）水田。

　　门巴族农民将江久和哈井两条溪水引入水田，保证了农田所需供水。莫邦大坝水稻单产在当地最高，1953年一块650平方米的水田收获稻谷28.5斗，折合亩产798斤，高于一般稻田15%以上。"莫邦水稻"名扬县内外，其粒长，口感好，价格也略高于其他稻品。

【照片档案044】

图片说明：墨脱宗墨脱村门巴族用于劳动的锄头和雨披
拍摄时间：1956年6月
拍摄地点：墨脱宗墨脱村

【照片口述】

　　墨脱门巴族农民使用的生产用具：雨披与锄头。雨披是用竹子编制而成，两层竹篾中间夹一层香蕉叶。可披在身上，也可顶在头顶，形似贝壳，轻巧适用。墨脱夏季常暴雨如注，这种雨披起到了很好的防雨作用，方便人们出行与生产。

　　墨脱的铁质农具极为缺乏，这是一把有铁质锄刃的锄头，当时值两块银圆。主人也分外珍惜，平时舍不得轻易使用。

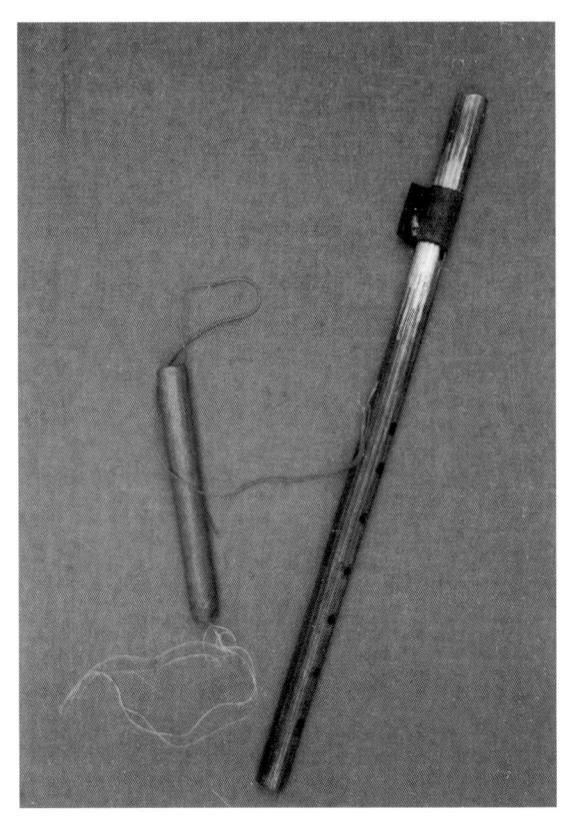

【照片档案045】

图片说明：珞巴族农具
拍摄时间：1956年6月
拍摄地点：墨脱宗墨脱村

【照片口述】

　　当地的农具多选用木、竹两类材质，松土用具有竹质、铁质两种。一个家庭能有几件铁质农具，就算是"富农"了，真是"铁比金缺"。

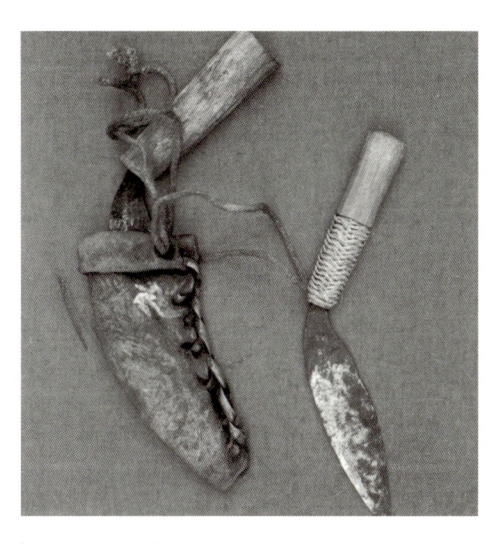

【照片档案046】

图片说明：名为"卡吉"的小弯刀
拍摄时间：1996年11月
拍摄地点：墨脱县墨脱村

【照片口述】

墨脱地区成年男女均佩戴名为"卡吉"的小弯刀。女人将其同许多装饰品如铃铛一样同置于右胯处。

"卡吉"用处可大了，除了切割外，还可用于剖掉沾在人腿上的蚂蟥。

【照片档案047】

图片说明：门巴族的石斧
拍摄时间：1996年9月
拍摄地点：墨脱县墨脱村

【照片口述】

"阿米"（爷爷）江措将他收藏的这个石斧送给了我。他说，以前他爷爷曾告诉他，这是他们珞巴族人祖先曾使用过的工具。

据说，在300多年前铁器尚未传入当地时，农民多使用石质、木质的原始工具。

【资料档案】

珞巴族狩猎诸神[1]

聚居在喜马拉雅高山密林中的珞巴族，认为所有的猎物都由专门的神灵饲养和管理。猎人进山打猎，必须得到这些神灵的同意和护佑；猎取野兽之后，必须进行祭祀，甚至宰杀家畜进行酬谢。墨脱达木、卡布等地的珞巴族人，认为森林中所有野兽都归日嘎拉姆山神管理，她是一位非常美丽而且勇武的女神，经常出没于悬崖峭壁之上和白云彩雾之中。她手下有多位神女，分别替她放牧森林中的各种野兽，例如老虎、雪豹、扭角羚牛、黑熊、野鹿等。米林县的博嘎尔珞巴部落的猎神是一些充满阳刚之气的男子。据说这些神灵都是他们的祖先，是古代这个民族最著名的猎手。大神布德刚德，赋予藤盔和弓箭以神奇的作用，使猎人的头部和身体不受意外的伤害，射猎时能满载而归，他是猎人的保护神。顿青扬奔是森林峡谷的所有猎物的主人，他居住在任何人都无法攀登的悬崖高处；贡布贡布是顿青扬奔手下的牧人，他牧放的不是牛羊骡马，而是飞禽走兽。如果你看到黄羊和野鹿在山坡上很有规律地奔跑，那一定是贡布贡布在追赶或召唤它们。还有一位森林之神叫塔顿达珞玛，他似乎也是猎物的拥有者，或者是珞巴族饲养动物的创始人。据说他把森林动物的蹄蹄爪爪收集在一起，然后把它们一一送给那些敬礼神灵的正直的猎人，这些猎手因此可以猎获到同样数量的猎物。

珞巴族人在世代狩猎生涯中，形成了一整套祈、谢神灵的规矩。猎人进山之时，必须携带大米、鸡蛋和神幡，每经过一座山头，都要插一面神幡，撒一点大米。据说最早有识别路径的意思，后来成了通报山神、猎神的仪式。进入猎场之后，他们要找一个山洞住下，在洞中或洞外杀鸡看肝，以判明猎神预示的狩猎地点、时间和方法。他们每射杀一头野兽，必须割去野兽的一点舌头，据说这是防止它去给狩猎诸神或其他猎物报告。猎归后，要举行杀牲谢神的"古龙"祭祀，感谢猎神给予森林猎物，并杀牲口作为交换和赔偿物。祭礼后，全村寨男女老少大吃一餐，然后，歌舞至精疲力尽为止。

---

[1] 王尧、陈庆英：《藏族历史文化辞典》，西藏人民出版社1986年版，第164页。

【照片档案 048】

图片说明：珞巴族猎人准备出猎
拍摄时间：1957 年 8 月
拍摄地点：墨脱宗卡布村

【照片口述】

　　丰富的动物品种使当地形成了狩猎的习俗，而他们 40％的收入也来源于和外界的猎物交易。

　　平措（左）是有名的珞巴族猎人，一年狩猎时间占四个多月，平时在林中猎获熊、野猪、黄羊、猴，夏季上高山猎获羚牛，副业收入主要靠狩猎。

　　平措的父亲安布，也是珞巴族有名的猎人，还是珞巴族民间文学的"仲肯"（故事家）。他在 20 世纪 50 年代向我提供了大量珞巴族民间故事，如表现珞巴族人民向往幸福生活的神话故事《勒布爷爷》，歌颂民族团结的《珞巴五兄弟》等。

【调查资料】

珞巴族猎狗崇拜[1]

收集、整理：冀文正

聚居在西藏自治区墨脱卡布、达木一带茫茫林海里的珞巴族人，千百年来靠狩猎维持生活，他们对于猎狗有着非同一般的感情，在长期的狩猎生活中猎人与猎狗有着生死与共的关系。他们认为灶神、猎神和保护神是猎狗的化身，每次上山打猎之前均要举行祭祀猎神的仪式，并且通过占卜请求猎神预示打猎的最佳时间、地点和方法。

当地有这样一则古老的传说，古时候有位非常勇敢的珞巴族猎人，他有一条了不起的猎狗，猎人和猎狗相依相从，配合默契，飞禽走兽及鱼类没有能从他的弓箭下逃脱的。不过，猎人的妻子是个好吃懒做、蛮不讲理的女人，她要求猎人给她射一只天上没有骨头的神兽来尝尝，不管猎人怎么争辩、劝说，女人都不听，整天躺在木楼上打滚耍赖。猎人毫无办法，只好请求猎狗帮助。猎狗告诉他，我可以把天上的神兽赶到人间，就看你能不能把它射杀。

猎狗果然赶下来一只巨大的神兽，神兽满身都是眼睛，每一只眼睛中都射出烈焰，猎人还没有睁开眼睛，神兽又蹿回云中去了。猎人没有猎到神兽，他的妻子非常生气，三天三夜不吃不喝。猎人没办法，只好再次去请求猎狗帮助，猎狗非常为难，但是想到与主人的友谊，还是勉强答应了。它从天上把神兽赶下来，猎人射了第一箭没有中，射第二箭也没有中，当他射第三箭时，神兽狂怒起来，抓住猎狗抛到空中，又用巨大的嘴把它吞吃了。猎人失去了猎狗，再也打不到野兽，甚至找不到野兽的影子，他像失去了灵魂一样难受。于是，他走遍森林河谷，不停地呼喊着猎狗的名字。但是他找遍了所有的地方，也没有发现猎狗，只好回到自己的木楼，过着痛苦、孤单的日子。在一个没有月亮的夜晚，他想念猎狗无法入睡，忽然

---

[1] 王尧，陈庆英：《藏族历史文化辞典》，西藏人民出版社1986年版，第165页。

听到猎狗"勾鸟勾鸟"的叫声。他在楼上楼下四处寻找，却没有找到猎狗的踪影，但是他听到了猎狗的声音。猎狗说：主人啊，我的骨肉已被神兽吃掉，但我的灵魂还是来到了你的身边，以后你打猎我还会给你引路，给你赶来各种野兽，还会保护你和你的家人。从此，猎狗便充当了猎人的猎神、火塘神和保护神，猎人们不论是在家，还是上山打猎，都要祭祀它。

【照片档案049】

图片说明：墨脱宗达木村珞巴族猎人
拍摄时间：1957年8月
拍摄地点：墨脱宗达木村

【照片口述】

　　珞巴族是个狩猎民族，他们重视农业生产，但更青睐狩猎，对狩猎情有独钟，祭祀频繁，祈求有个好收获。一般健康男子一生从事狩猎的时间在40年。他们的弓箭轻巧，使用方便，不怕雨水。在着装上，也呈现出一个狩猎民族的特征。

【口述文献】

珞巴族制作毒弓箭

口述人：安布，珞巴族猎人

翻译、整理：冀文正

在珞巴族人的观念中，世上万事万物都受神灵的支配和主宰，树有树神，山有山神，兽有兽神……这种观念也反映在狩猎活动中，仅从进山狩猎开始至返回就有好几道祭祀的手续，不妨举几例：

进山挖毒。生长在海拔四五千米处的一枝蒿是最理想的毒药，其毒性特别大，人吃0.5克就会毙命，珞巴族人往往选用它做毒箭的毒源。11月份挖取毒蒿块茎时，要面对高山向山神献9种饭菜和1只鸡，并高喊："请山神允许挖毒，不要伤人，保佑多获野兽。"山涧有了回音后方开始挖毒。

珞巴族狩猎工具主要是弓箭，弓箭携带轻便、不怕雨淋、使用方便。弓箭既是狩猎工具，也是防身武器，每个成年男子都有自己心爱的弓箭，乐于别人夸奖自己的弓箭。弓箭的射程一般在百米以内，被毒箭击中的大型野兽，见血后不足百步即会毙命。跟踪追击是猎人常用的方法，虽要历尽艰辛，耗去许多体力，但成功率相当高，很少扑空。当然，设围下套等10余种方法也是常用的。猎人们熟悉各种野兽的活动规律，在深山老林中先靠肉眼观察动物足迹判断是什么野兽、何时从此通过，再采取不同的捕获方法。

做弓和制毒都要秘密地进行，并且忌讳不少。猎人们既是打猎的能手，也是制作弓箭的专家。珞渝地区有数十种竹子，最粗的直径达27厘米。有一种叫"达帕"的翠竹，猎人们砍下竹竿后先将其削成所需要的长度、厚度和宽度，再将削好的竹子放在火上慢慢烤干，边烤边修理，成形后用细绳将弯度固定起来。这样，弓拉得再弯也不会折断。弓绳是用一种结实的瑞香树的纤维搓成的，拇指粗的一根细绳6个人也拉不断。砍竹、割纤维、借山洞都要向"主人"敬献饭菜和酒肉，并且不得让他人知晓。

制毒是件非常危险的工作，需要特别小心，忌讳也相当多。毒药由两种植物混合制成，一种是珞巴族人叫"阿姆"（一枝蒿）的块茎，另一种是珞巴族人叫"果比"（藤槛子，又名过江龙）的果实。两种毒物先分别用石块碾碎，粉末越细越好，然后混合碾磨，用口水调制均匀，涂在铁箭头上。制毒时，要顺风而坐，不言语。毒粉磨碎后，涂一些于大公鸡的伤口上，若鸡死，说明有效。在山洞制毒，要向山神敬祀食物和一只活鸡。制毒期间，不得告知他人自己的去向，家人不得说"死""无""空"等字，家人、外人均不得观看、抚摸，以免得罪了兽神、山神，狩猎会扑空的。严禁在庄稼地附近制毒，否则禾苗会枯死，颗粒无收。

【照片档案050】

图片说明：珞巴族的箭筒
拍摄时间：2006年10月
拍摄地点：墨脱县

【照片口述】

弓箭尤其是致命的毒箭是珞巴族狩猎的有效武器。毒箭一般用三角的钢片作箭头，有的还带有倒刺，箭头沾着"毒汁"，箭杆约长一米，箭尾还有羽毛装饰。一共三四支箭装在一个箭筒里。

【调查资料】

珞巴族狩猎仪式

收集、整理：冀文正

祭祀灶神。传说灶神给珞巴族带来了幸福，所以，珞巴族人对灶神极度崇拜，经常祭祀灶神，祈祷平安和如意。猎人狩猎出行前的夜晚，将一只鸡置于灶台上，头对准挂在主室墙上的兽角和箭筒，并将鸡碰下灶台，沾点血和毛说："请灶神保佑猎人平安往返，背回满筐兽肉。"随后家人共享鸡肉。当天不得说与狩猎有关的话语。东贡部落还严禁猎人出行前与妻子同房，认为不吉利。

行前祭祀。猎人狩猎出行前要进行"陶桑"（祭灶神）仪式。将一把柏枝沾上酥油及少量食物，边点燃柏枝边对灶（神）说："咱们一道进山，背回更多肉食。"然后将点燃的柏枝扔于屋外。出屋前，女主人用四根指头抹上灶烟灰涂于猎人的胸前，以此象征灶神，祈望男人外出有灶神伴随可以事事如愿。猎人下竹楼时还将所有野兽的名字——喊出来，并说："统统赶来，让我猎获。"

忌讳三天。猎人离家后，家人在竹楼木梯左侧交叉栽两根鲜竹枝，交叉处横放一把鲜竹叶，三天内禁止生人入内。不得谈论猎人去向。

敬祭山神。抵达猎场后要举行"江达"祭仪。砍四根木棍，两面削平并刻上斜纹，并排插入地里，前面铺上香蕉叶，上放五堆大米，大米前面放一个熟鸡蛋，杀一只鸡，将鸡血和鸡毛涂于木棍和鸡蛋上。准备工作做完后，猎人开口道："请山神、兽神将你的野牛、野猪、扭角羚羊、香獐赠给我，保我平安、幸福，兽肉成堆。"祭仪完后，再察看鸡肝，若肝脏有横纹，说明可获得野兽；若鸡嘴有草、树叶等杂物，说明大有收获；再看小肠，若肠满实，说明这趟可满载而归。

在猎人的狩猎活动中，是万万不能缺少猎狗的。可以想象，在遮天蔽日的原始森林里，在高高的雪岭上，人的活动能力是极其有限的，而训练有素的猎狗，凭它超人的嗅觉、视觉和听觉，能够跟踪当日或不久前经过的野兽，群狗将野兽追赶至悬崖上，狂吠不止，猎人可以从容不迫地在百步距离里射箭。我目睹过一次这种场面。那是1957年夏，我跟随中央新闻纪录电影制片厂的王喜茂和陈和毅两位摄影师去贡堆颇章猎场拍摄珞巴族人狩猎的情景。5名猎人牵带19只猎狗，其中有2只小狗，猎人蒙希解释说："带小狗进山是为了锻炼它们。"第二天中午时分，蒙希发现昨日野牛路过的脚印，他放出4只猎狗，没过多久，猎狗狂吠不止，当蒙希赶到时，一头野牛被围困在悬崖上，他连射两箭均击中了目标，野牛即刻倒地毙命。他走上前去，迅速割掉伤口处的毒肉，另给每条猎狗一块肉，作为奖赏。

在珞巴族的许多神话中，狗是一个重要角色。在许多部落里，家家户户都有用米粉捏的白狗、黄狗和黑狗的小模型，石岩上刻有狗的图像。珞巴族养狗成习，每家多则十几条，多为猎狗。若打狗，有械斗、被驱赶之险。母狗生崽，主人在家门口栽插象征"闲人免进"的忌讳树，三天内生人不得入内，母狗同产妇享受一样的待遇。主人侍候母狗如同护理产妇一般。

狩猎一般是集体性的，有五六个人一组的，有全氏族性的，一家出一人，抵达猎场后分成若干小组。捕鱼和设暗套多为个体活动。珞巴族仍沿袭古老的猎物分配习俗。平等是原始人类最基本的观念，也是指导原始人类的行为准则。一千多年前吐蕃时期《获猎野兽应分得之标准》的立法一文，深深烙下了原始人类平等观念的印记。例如：猎获一头野牛，一只耳朵、一条前腿、胸部板油、三块内脏和一条后腿归射中者所有，其余归同伴平均分配。分肉时若有路过者，也能得到猎物胸前的一大块肉。猎人背回的兽肉，全氏族或全村户均分一份。村里只要有一个猎人满载而归，都会自觉地严格按照此习俗行事，使村里人共享口福。1954年和1955年我住在卡布村，经常分享到本村猎人们辛勤获得的美味兽肉。作为回报，每户也会给猎人家送去一竹筒甜酒和一竹筒白酒，主人则以肉和大米饭招待村里人，大家通宵达旦地喝呀、跳呀。

据珞巴族民间传说，珞巴族的先民们在20代人以前，狩猎方法是围捕，后来受甩石扔棒的启示，制造了弓箭，直到三百年前铁器输入后，他们制造了铁箭头。另一个著名的《勒布爷爷》传说中讲述，一位善良的老人告诉勒布，雪山下的草坪上那开白花的一枝蒿根可以制毒，从此，珞巴族的先民们使用一枝蒿制成的毒箭猎获了大量的野兽。

【照片档案051】

图片说明：墨脱县甘登乡猎人

拍摄时间：1996年10月

拍摄地点：墨脱县甘登乡

【照片口述】

　　珞巴族主务农业，兼于狩猎。他们重视农业生产，因口粮要靠粮食，但也擅长狩猎。

　　珞巴族的许多传说称：在古代，珞巴族最早是以狩猎和采集野菜为生的。那时，狩猎是许多人围猎，效率低，捕获少。后来发明了弓箭，狩猎才成了主业，兼务农业。之后，珞巴族口粮靠农业生产，肉食来源基本靠狩猎。

第三章
道路交通

珞渝人说，我们墨脱什么都好，就是道路不好。墨脱地区地势险峻，多深涧急流，路为羊肠小道，有藤溜索、藤桥。普通老百姓徒步行走是出门的唯一选择。以前，官员、上层僧人到此偶有步行，但靠农奴"人背人"是规矩。物资运输也要靠人背，没有牛马驮运。

珞渝地处山林茂密、岗峦起伏的高山深谷地带，谷地内河流交错。因此，珞巴族、门巴族出门皆须跋山涉水，与外界联系十分困难。由于山路崎岖，河水湍急，在当地，车马舟船等交通工具没有出现，唯跋山涉水的有关辅助工具和设施得到稍微充分的发展。

珞渝地区内人烟稀疏，村落相距较远，村与村之间的往来又少，因而人们所走的山路分为经常性行走和季节性行走两种。经常性行走的路只是村旁至附近耕地的常用小道。季节性行走的路又分村与村或对外交换和上山狩猎的小道，这种小道不太固定，常为荒草杂木所封闭。到了交换季节、狩猎或村际交往时，人们只好成群结队，边走边砍草木，以辟通道。凡遇险道或悬崖时，要么绕道而行，要么架设栈桥或天梯。

珞巴族、门巴族很少使用畜力，不养马驴，即使有牛也不负载，因而运输重物品全靠人力背负。运输工具是用竹或藤条编织而成的背篓。背篓上有三条约四指宽的细藤编织带，两条套在两肩，一条套在前额。背负重物时，手持"T"形的拐杖。当地水上交通工具主要是藤条、独木桥、竹木架构桥、溜索和膝网桥，个别地区还有独木舟和竹筏。藤条或独木桥一般是横渡峡谷或小河的最原始的工具，在河面宽、水流湍急的地方，即在河流两岸的高崖上架设溜索。

交换是珞巴族、门巴族一年一度获取生活必需品的重要途径，一次往返就要十来天甚至二十余天。人们往返不仅要背负重物，而且还要翻越高山陡崖、涉湍急之溪流、爬天梯、滑溜索、过独木桥，无比艰辛。[1]

在 1962 年前的墨脱，除金珠区外，帮辛区及墨脱县全境连骡马驿道都没有，全是羊肠小道，走路靠步行，运输靠肩扛，体力消耗极大。为改变这种封闭的状况，墨脱军民投入了大量人力、财力，分散修路，至 1968 年，全县除甘登乡外，修通了通往各乡的骡马驿道。国家投入大量人力、财力，20 世纪 70 年代从林芝排龙乡向墨脱修建公路仅修了 15 千米就因故停工；另一条从波密扎木至墨脱的扎墨公路修通了 80 千米，因故于 1978 年停工。进入 21 世纪，国家设计继续修建扎墨公路，历经 3 年多艰苦奋斗，于 2010 年 12 月 15 日修通了嘎隆拉隧道；2013 年 10 月 31 日，墨脱公路正式通车，墨脱结束了"全国唯一不通公路的县"的历史。

我们这些在墨脱长期工作的干部及当地群众，有一个共识，叫"墨脱要想富，沿江修公路"。我个人的看法是：从排龙 318 国道起，沿江修公路，相对工程量小，周期短，投资就小了，若不沿江修公路，公路就不能全天候通车，一年起码有两三个月封堵；若沿江修路，修路虽难，但护路容易，且全天候通车。

从嘎隆拉修翻山公路，只通过该县 8 个乡镇中的 2 个（达木、墨脱）；若沿江修，可通往 5 个乡镇（甘登、加热萨、帮辛、达木、墨脱），又可通过大峡谷核心区，对旅游、科研大有裨益，对大峡谷今后远景建设也大有好处，对建大型水电站更为有利。

---

[1] 《珞巴族简史》编写组：《珞巴族简史》，民族出版社 2009 年版，第 91 页。

【照片档案052】

图片说明：骑马下乡
拍摄时间：1954年9月
拍摄地点：金珠宗兴凯村

【照片口述】

墨脱由三部分组成：墨脱宗、金珠宗和帮辛地区。前两部分是沿江的大峡谷，除了羊肠小道，没有骡马驿道，全靠徒步通过。但金珠山沟这40千米的路程可以骑马，这在当时算很不错了。

金珠，又称"金珠宗"（宗相当于县），有"宗本"，如白马多吉就是20世纪50年代金珠宗的宗本。当然，全宗大权最后依然掌握在格当寺活佛江求多杰的手中。

藏波战争后，波密土王大败，西藏地方政府将此宗划归为松宗寺的封地。

【背景资料】

松宗寺位于今西藏波密县松宗镇，地处波密县东部。原松宗寺由三座小庙合并而来，藏语"松"为三之意，"宗"为聚集之意，松宗之名由此而来；亦有三岔口交会而来之说。

【照片档案053】

图片说明：帮辛地区龙勒村至甘丹定卡的"朗切"（意为绝路）

拍摄时间：1955年8月

拍摄地点：普巴山上

【照片口述】

　　从墨脱卡布村到帮辛，得翻越许多陡峭的山崖，珞巴族村民背着藤筐，拄着拐杖艰难爬行。这百余千米是雅鲁藏布大峡谷最险要的地段，原来仅有一条"羊肠小道"。1950年8月15日，一次8.5级大地震彻底摧毁了这条"山路"。从此这条险道几乎无人往来，人们谈及此皆毛骨悚然。

　　对墨脱来说，"羊肠小道"就是不错的路了，起码可以看到路影，有路可循。许多地方根本无路，只能按方向寻路前行，危险性大，行路人又过度劳累，加上蚂蟥等害虫的侵扰，令人身心俱疲。

【照片档案054】

图片说明：通向墨脱的崎岖山路上，绝崖高耸
拍摄时间：1956年5月
拍摄地点：帮辛地区

【照片口述】

  帮辛地区龙勒至甘丹间，有长达35千米的道路为绝壁悬崖，行人在嶙峋的峭壁上攀爬，极其危险。

【照片档案 055】

图片说明：通向墨脱的崎岖山路上，巨石林立

拍摄时间：1957年7月

拍摄地点：墨脱宗珠村大悬崖（海拔870米）

【照片口述】

　　墨脱位于喜马拉雅山区，山势高峻，加上地质条件复杂，悬崖陡壁比比皆是，塌方又令人生畏。图片中的青石悬崖高达800多米，严重阻碍了人们的出行。

【照片档案 056】

图片说明：通向墨脱的山路陡峭难行
拍摄时间：1968 年 7 月
拍摄地点：墨脱县嘎隆山沟

【照片口述】

喜马拉雅山脉地质构造极其复杂，塌方、泥石流频繁，给交通带来极大的危害。

图中这条山沟是当时墨脱通往山外的道路之一，帮辛地区部分人喜欢从此去扎木以物易物，从事一些简单的贸易。

此山沟十分艰险，当地还流传不少野人出没的传说。我 1993 年 9 月，就是徒步翻越嘎隆拉雪山，再穿越此山沟去墨脱采风的。当时路途之险恶，真可谓"九死一生"，让我至今难忘。

【照片档案057】

图片说明：通向墨脱的公路
拍摄时间：1992年7月
拍摄地点：距墨脱县80千米处

【照片口述】

扎（木）墨（脱）公路曾几经波折，艰难前行。

公路始于20世纪60年代，从318国道的排龙沿排龙河向下修路，修至15千米处遇到大悬崖，施工方认为难以逾越，于是放弃了。

80年代末改线，从扎木向墨脱修路，千名知青奋战在工地，终于修通了至墨脱县城的简易公路，但不足一月，塌方又堵塞了公路。

后来，经过5年多的奋斗，终于打通了嘎隆拉隧道，117千米的公路全线通车，结束了"全国唯一不通公路的县"的历史。

【照片档案 058】

图片说明：破旧的废卡车
拍摄时间：2006 年 10 月
拍摄地点：墨脱县城

【照片口述】

　　墨脱作为中国最后一个通公路的县，其交通十分闭塞。1995 年，连接波密县扎木镇与墨脱县城的墨脱公路勉强实现了"旱季南通北阻，雨季北通南阻"的分季节、分路段临时通行。当地人相传，这就是那时开进墨脱的第一辆卡车。

【照片档案059】

图片说明：在汹涌的西贡河畔凿崖开路
拍摄时间：1955年9月
拍摄地点：墨脱宗布裙村（海拔680米）

【照片口述】

　　这段路极为艰险，军民协力修建，历经了23天，终于打通了这段"天险"。边民来往方便了，群众亲切地称之为"同心路"。

　　因为代代吃尽"无路"的苦头，墨脱人民对修路十分积极，参与度极高。他们常讲："我们墨脱什么都好，就是路不好。"当地有一句形象的话表达了过去人们对无路的困惑："上山钻云端，下山到河边。两岸说话能听见，走起来得一天。"

【照片档案 060】

图片说明：墨脱军民在通往墨脱县的悬崖上修建骡马驿道

拍摄时间：1963年5月

拍摄地点：墨脱县工布拉山上（海拔830米）

【照片口述】

　　从派村进入墨脱后，工布拉成了第一道关口，悬崖陡峭，塌方泥石流挡道，军民合力架桥修路。

　　从墨脱通向四面八方，均无骡马驿道，都是羊肠小道。原全宗（县）没有一匹圈养骡马，仅在德尔贡山沟有几十匹野马，那是德尔贡寺活佛顿顷1947年派人从工布背回公、母两匹小马驹放在山沟繁殖而成。

　　1962年6月，政府花大气力修路架桥，因地制宜，先打通通向林芝方向的道路，军民齐心修通了这条生命线。又根据实际需要和可能，逐步修通了通向各村的便道、骡马道。雅鲁藏布江最核心地区——甘登乡的"朗切"（绝路）也修通了骡马驿道。

【照片档案061】

图片说明：墨脱军民修建骡马道
拍摄时间：1963年5月
拍摄地点：墨脱县西欧拉山沟（海拔1280米）

【照片口述】

原始森林里道路十分不好走，树木藤蔓、荆棘密不透风，人们边砍边行。不少地方，大枯树倒地，阻挡前行，须砍出好几个台阶，从倒树上翻过。

"要致富，先修路。"20世纪60年代，在内外环境极其困难的情况下，墨脱军民齐心协力改造恶劣的交通环境，自力更生修筑人行便道、运输的骡马驿道。没有炸药用火烧，没有工具自己造，经过不懈努力，几年时间内，村村通了人行便道，人们往来也方便、安全多了。

【照片档案 062】

图片说明：军民修建墨脱骡马道时，遇到一处断崖，当即架藤梯让人通行
拍摄时间：1963年5月
拍摄地点：墨脱县卡布村江边（海拔720米）

【照片口述】

　　这种"天梯"在墨脱许多地方都有。悬崖峭壁处，人无法通行，又无法修路，只有铺设简易的"天梯"。

　　"天梯"路各处都有，若遇悬崖，无法通过，只好架个"天梯"，和内地电工的木梯、竹梯相似。长的有30余米，10余米的较多。攀登时，也提心吊胆，生怕失脚跌倒，因此，人们十分小心地攀爬。行于其上，心惊胆战。

【照片档案063】

图片说明：打通"老虎嘴"
拍摄时间：1964年8月
拍摄地点：墨脱县工布拉山岩

【照片口述】

所谓"老虎嘴"，是指在悬崖陡壁上人工凿出来的一条狭窄的便道，便道宽约2米，高也约2米。当时修此路时，没有机械，全靠军民打眼放炮，再一镐一镐敲碎岩石而成。羊肠小道，崎岖陡峻，上头是千米高的工布拉山，俯视是数百米的深涧。

这张照片我1957年投给了"新华通讯社"，被采纳了，并给了21元稿酬（我当时每月仅48元工资）。包括这张照片在内，共一组8张刊登在该社出版的"每日照片"上（1958年5月12日）。

《中国摄影》杂志，1958年第12期以一页刊发了这组照片。此后该组照片被广泛采用，还多次参加国内外影展，受到好评。

也就是在这里，我的一包行李坠入岸下的白马希仁河中，包中几百张老照片、四本日记本以及搜集的珞巴族人民350首《抗英侵略战歌》等珍贵资料，统统都被河水冲走了，当时我痛哭不已，万分伤心。

【照片档案 064】

图片说明：雅鲁藏布江中的大漩涡

拍摄时间：1956 年 7 月

拍摄地点：帮辛区宗如村

【照片口述】

　　雅鲁藏布江在峡谷中好似一匹野马，疯狂奔腾。江水奔流至此村后，仿佛想稍事休息，喘口气，江水在江面形成一个大漩涡，甚是奇观。

　　大漩涡在大峡谷中比比皆是，从岸上观之甚为壮观：一根木头刚被卷入水中，不一会儿又从另一方向的水中露头，沉浮不定，来回变换，看得人惊心动魄。

【照片档案065】

图片说明：汽车乘坐独木舟
拍摄时间：1956年7月
拍摄地点：林芝鲁定渡口

【照片口述】

　　从林芝鲁定渡口（雅鲁藏布江和尼洋河交汇处）至则拉岗宗派村的60千米内的雅鲁藏布江江面宽阔，一般达千米左右，约有5万个流量，流速平缓，每秒约3米。这段河流可以行船，藏族船夫有用牛皮船往返的。

　　鲁定渡口除有牛皮船外，牲口、汽车等由独木舟来回摆渡至江对岸，对岸（江南岸）有公路通向大峡谷的派村。

【照片档案 066】

图片说明：冀文正身后的独木舟

拍摄时间：1959 年 8 月

拍摄地点：米林县派村（雅鲁藏布大峡谷入口处）

【照片口述】

　　独木舟为一根木头所做。当地百姓从原始森林里砍伐直径 150 厘米左右的树木，先砍掉三分之一，再将中间掏空，便做成一个独木舟，再用 10 头牛拉到江里。

　　这是我挂驳壳枪前往大峡谷剿匪时拍摄于雅鲁藏布大峡谷入口处——派村。

【照片档案 067】

图片说明：我军官兵在人民群众支持下乘坐独木舟
拍摄时间：1959 年 8 月
拍摄地点：墨脱县

【照片口述】

一艘独木舟可同坐 20 人，运送 5 匹马，最大的独木舟可载 3 部汽车。

雅鲁藏布江从米林县城至派村的达图卡村，全长上百千米，江水平缓，可以行舟。但从达图卡村开始，约 200 千米的路程，深峡危崖，江水咆哮奔腾，舟船难以摆渡。

【口头传统】（珞巴族民间传说）

牛皮船的来历

讲述人：南嘎平措，男，珞巴族；顿加，男，珞巴族
翻译、整理：冀文正
采录时间：1955 年 8 月
采录地点：墨脱宗卡布村
流传地区：今墨脱县背崩乡、达木珞巴民族乡、甘登乡

远古时候，西藏有一条大江叫雅鲁藏布江。江水从东向西缓缓地流淌着，水越聚越多，又没有出口，不久淹没了大半个西藏。最后，整个西藏都被淹没了，只剩下几个高高的山头孤零零地矗立在中央。

地上洪水泛滥，生灵遭殃，这可急坏了心善的天神。他两次派下属到地界治洪，但都没有奏效。于是，天神又派他的三个儿子再次下凡治水。

三兄弟牵着力大无比的天牛来到地界。面对滔天洪水，他们急中生智，杀掉天牛，剥下牛皮做了一条小船。三兄弟乘着牛皮船，奋力向挡住洪水的南迦巴瓦峰和佳拉泽东峰冲击。经过二十次冲击，终于将南迦巴瓦峰和佳拉泽东峰之间冲开了一个大口子。大水通过这道口子向东流去，经过许多年的流淌，大地露出水面，各种生灵从山巅返回地界，世间恢复了从前的生机。

从此，西藏有了牛皮船，它成为渡河的主要工具。

【照片档案068】

图片说明：珞巴族架设藤索桥
拍摄时间：1954年9月24日
拍摄地点：金珠宗格当村

【照片口述】

　　我刚到金珠宗，恰巧遇到格当村群众在金珠河上架设藤索桥，感到很新奇，用心地拍了不少镜头。最后有几张还算不错，成了我的"处女作"，也鼓励我多拍出好照片，将那个时代的故事记录下来。现在看来，几十年过去了，它们还是有价值的。

【照片档案069】

图片说明：金珠河上的藤索桥，当地群众背着物资过桥
拍摄时间：1954年9月24日
拍摄地点：金珠河

【照片口述】

　　藤索桥充分体现了珞巴族和门巴族人民的聪明智慧。藤索桥是墨脱边陲人民的创举。

　　这也是我在墨脱县拍的"处女作"。我不知失败了多少次，终于成功地拍出了这第一张拙作，我喜出望外。从此，我开始正式摄影。

　　我边实践边总结，边提高，从失败中吸取教训，经过上百次实践，终于在几个月后完全掌握了摄影技术。此后，越拍心里越美，技艺也提高越快。

　　在漫长的岁月中，我共拍摄了上千张照片（部分随行李在溜索过江时，坠入雅鲁藏布江中）。可惜当时一个月工资仅够买4个美国的双爱克斯胶卷，每卷只有12张，大量珍贵的画面没有记录下来，遗憾万分。

【照片档案070】

片说明：藤索桥一次可供四五名背运物资的人员通过
拍摄时间：1955年8月
拍摄地点：墨脱宗地东村至江新村间

【照片口述】

　　墨脱的雅鲁藏布江及其主要支流上都建有藤索桥，但架一座藤索桥需要耗费大量藤条资源及时间、精力，因此，至1962年全县仅有8座藤索桥。但藤溜索却分布极广，仅需四根藤条，滑溜也较方便，因此多采用之。

　　这是我1955年拍的，共计21张老照片投给了新华社，全被采用了。在1958年5月12日的《每日照片》报上刊登，后来以"新华社"名义发表，不少媒体都采用了。

喜马拉雅的艺术之花——门巴、珞巴民族口述影像志：1956—1996

【照片档案 071】

图片说明：藤索桥的一半
拍摄时间：1956 年 4 月
拍摄地点：墨脱宗地东村

【照片口述】

　　这是地东村刚刚架好的一座藤索桥，被我摄入镜头。

　　藤索桥是雅鲁藏布江最独特的渡江工具，不仅在西藏，就算在全中国也是独一无二的。它充分说明了门巴族和珞巴族人民的聪明智慧。

　　我的藤索桥老照片，曾在国际影展中获得金奖和银奖，在西藏地方举办的影展中也曾荣获铜牌奖。

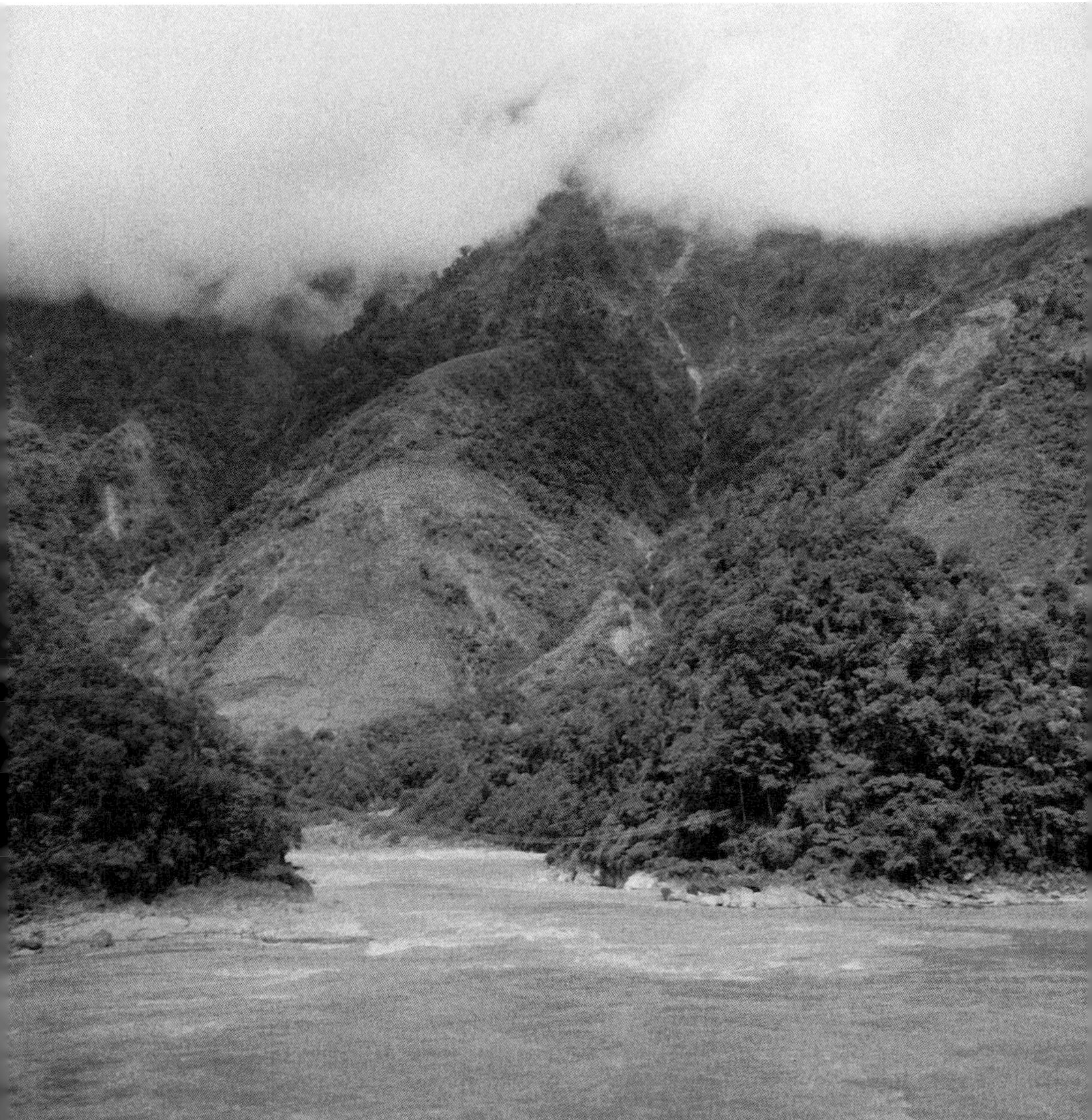

【照片档案 072】

　　图片说明：墨脱县地东村连接江新村的藤索桥
　　拍摄时间：1962 年 6 月 28 日
　　拍摄地点：墨脱县地东村

【照片口述】

　　藤索桥是一种奇特的桥，没有桥墩，不用木板，一颗铁钉也找不到，整桥用的是白藤。珞渝的原始森林里生长着多种藤本植物，其中白藤较多，它是常绿木本植物，茎蔓细长，有 40 尺高，柔软而坚韧。它是编织篮、筐、椅、箱等用具的好材料，也是藤索桥的原料。一般 200 米长的索桥，需要 60 背（约合 3600 公斤）的藤子。一劈两半，不能用整根藤子，一是不便将两根接起来，二是它不结实。将劈成两半的藤条接成需要的长度，将根根的藤条拉到对岸，总共需要 35 根藤条，再将 25 个硬藤做的藤圆圈均匀地置放在桥上，藤条在外，藤圈在内，一般 10 米左右放一个藤圈，它有一人高，人可从中钻过。35 根藤条分布是：桥的左侧和右侧各 10 根，底部 15 根，桥的上部是空的。硬藤圆圈放好后，用细藤绳将它固定在藤条上，底部行人放脚处，用细藤编织成二尺宽，左右两侧用细藤将藤条交错系拴起来。远眺索桥，它像是一个网状的圆筒。通过这种桥还得掌握它的特性，如它的弹性大，你得顺着它的起伏而落脚，它弹起时，你的一只脚也得抬起，它跌落时你再踏步向前，就这样一高一低、一起一落地向前，否则它将和你作对，摇摆得十分厉害，使你无法迈步。初过这种桥，还是胆战心惊的，只要你认识了它，掌握了它的规律，你会很顺利地、不大摇晃地走过去的。

【照片档案073】

图片说明：墨脱县地东村藤索桥

拍摄时间：1962年7月

拍摄地点：墨脱县地东村

【照片口述】

　　地东的这座藤索桥名叫"江新巴桑"。它横挂在雅鲁藏布江上，桥长248米，修筑时需白藤条60背，原用时需10天左右。

　　我军于1962年6月14日解放了地东村。这里原有通往雅鲁藏布江东岸江新村的一座藤索桥，不久前，盘踞墨脱的叛匪砍断了藤索桥，企图阻挠我军解放江东。经过和群众再三协商、研究，我们最后决定用六零炮将藤索打过江。由于火药过足、过小，都失败了，后来减少火药量，最后成功将藤条打过了江，架成藤溜索，战士从速滑过大江。又经过两岸群众共同努力，仅3天时间，百余人的努力，就架成了这座藤索桥。我军大部队顺利过江解放了江东广大地区，受到人民的欢迎。

【照片档案074】

图片说明：墨脱县地东村藤索桥
拍摄时间：1956年6月
拍摄地点：墨脱县地东村

【照片口述】

　　这张照片曾被新华社采用，曾刊登在1957年的《中国摄影》第2期，同时刊于新华社出版的《每日照片》上（1958年5月12日）。照片还参加了国际影展，得过两届国际金奖和银奖。

　　我拍了许多藤索桥，都是从正面照的，画面中藤索桥很像一个圆筒子，千篇一律，不理想，反映不出它弯弯的形状。再三考虑，我从它左、右两边照过去，好似好看一些，得到好评，获得西藏1982年影展铜牌奖。获奖时，西藏摄协主席扎西次登在《西藏日报》著文《获奖作品简介》中称：

　　冀文正的黑白作品《弯弯的藤索桥》拍摄角度新颖，画面处理干净利索，作者从桥头架子拍过去，藤索桥横穿画面左右，经过湍急的河面，隐没在对面半山腰暗调子的丛林中，前大后小，透视纵深感强，主题和背景明暗关系清楚，桥上画龙点睛的几个行人，还增强了画面的对比，使人感到惊心动魄，使观者不得不叹服门巴族人民的勤劳勇敢和聪明智慧。

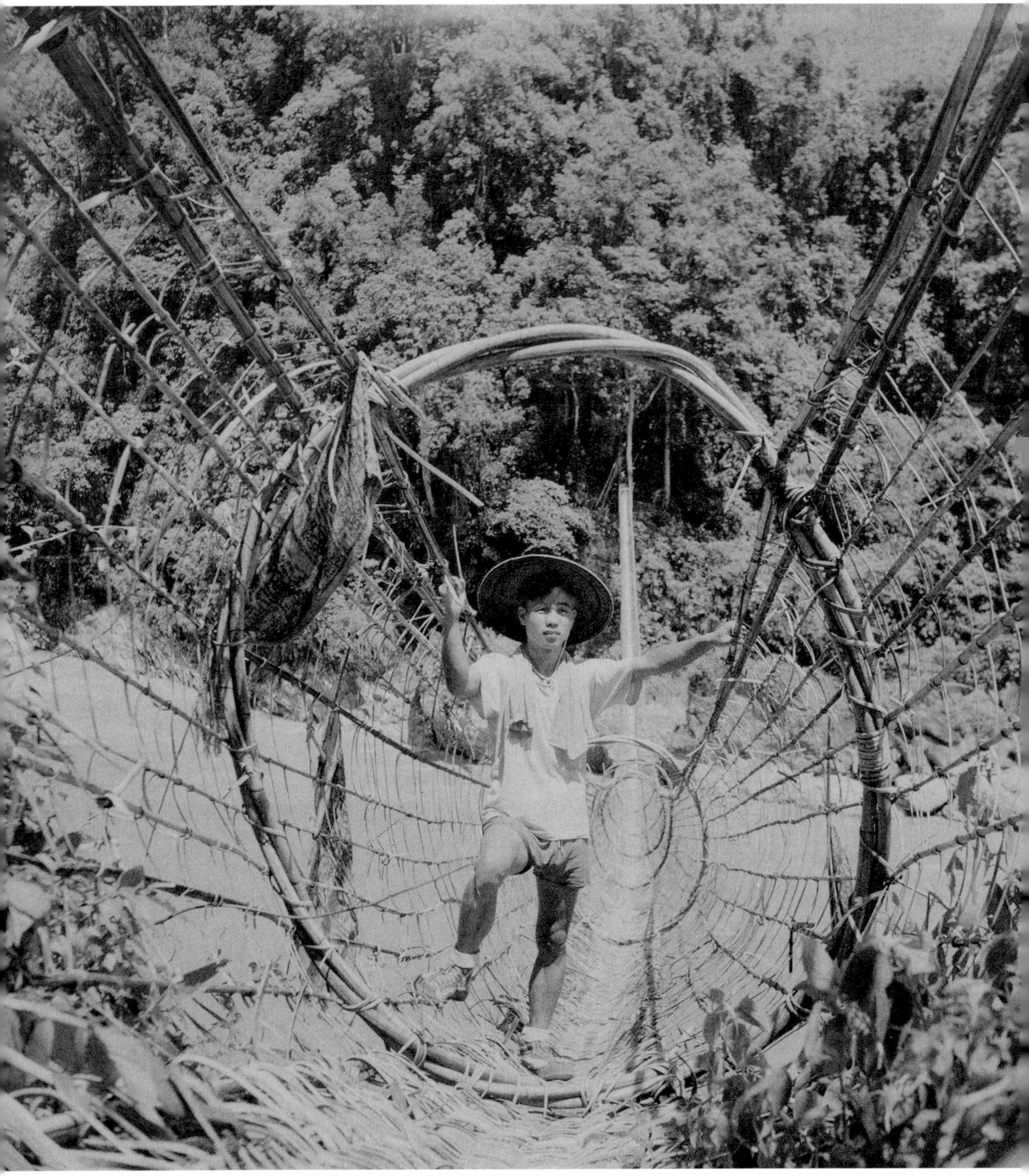

【照片档案 075】

图片说明：冀文正过墨脱县地东村藤索桥

拍摄时间：1962 年 7 月

拍摄地点：墨脱县地东村

【照片口述】

　　门巴族人和珞巴族人居住在喜马拉雅南麓的崇山峻岭之间，数百条江河水流湍急，多数流速超过 10 米，落差大，水中巨石、暗礁布满河床，两岸陡峭。除下游少数丘陵处溪流架有木桥外，绝大多数是藤索桥或藤溜索，舟船仅在下游使用。

　　藤溜索是将四根白藤劈成八根，对接成所需要的长度，拴在两岸的树上，有一个硬藤做的圆圈套在八根藤条上。过江时，人钻入硬藤圈内，重心放在腰部，脸朝上，头向彼岸，双手抓住藤条，交叉用劲拉藤，双脚配合向前。爬这种溜索相当吃力，跨度越大越费劲，一条长 80 米的溜索需要 30 分钟才能滑过去，我们滑过荷扎村 248 米的溜索足足耽搁了一个半小时，滑过江后精疲力尽，气喘如牛。滑这种溜索不仅消耗体力大，而且危险性也很高。

　　新桥修好后，我从桥上兴奋地走到了对岸，激动得很，走路也轻巧多了。

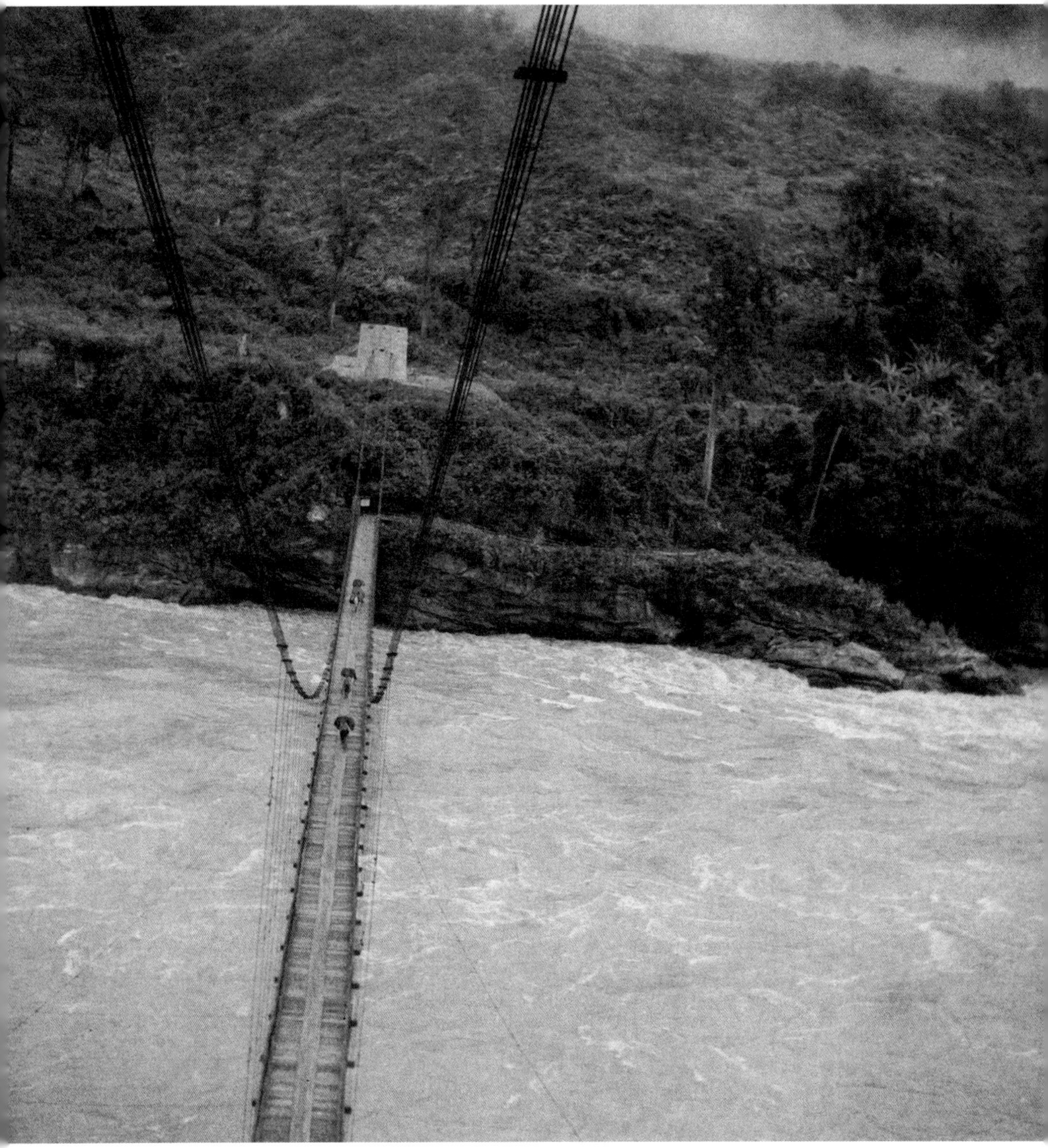

【照片档案076】

图片说明：墨脱县第一座跨越雅鲁藏布江的"解放大桥"

拍摄时间：1964年10月

拍摄地点：墨脱县背崩村（海拔700米）

【照片口述】

　　1964年，墨脱开天辟地地在雅鲁藏布江上修建了第一座钢索吊桥，人畜可以通过。截至目前（2017年），已在大江、大河上修建了14座钢索吊桥，方便了人们往来。

　　那时，墨脱仅修通了骡马驿道，大型机器、重物资运不进来。修建钢索吊桥长220米，钢索必须是整根，每根长约250米，索粗有鸡蛋粗，每人只能背7米左右，一整根钢索需要30多人一条龙的背运，统一行动。从派村至背崩江边，要翻多雄拉雪山，越过4条激流，2条藤索桥，历时5天才能背运到。背运一趟，人人肩红背痛，疲惫不堪。吊桥需要4条钢索，可想而知需要多少背夫。

　　1962年6月，我们第二次进入墨脱，出于需要，西藏军区1963年7月决定修建"解放大桥"。当时，运输成了大问题，400米长的钢缆重16吨，由3名官兵和47名民工负责一条龙的扛运。修桥过程遇到了许多困难，都被坚强的军民所克服，其中，夏成贵同志光荣为国捐躯。1964年10月1日，解放大桥正式竣工，举行了庆祝活动。

　　墨脱的繁荣和进步，凝结了解放军与各兄弟民族的血汗，甚至生命。

【照片档案 077】

图片说明：跨越墨脱县地东村与江新村的藤索桥
拍摄时间：1962 年 7 月
拍摄地点：墨脱县地东村

第四章
节庆礼仪

　　门巴族、珞巴族的节日与其传统文化和宗教信仰有着密切的关系。门巴族信仰藏传佛教，珞巴族信奉原始宗教，宗教节日也是他们节日文化的重要内容。门巴族、珞巴族的节日主要有两大类型，一类是宗教节日，另一类是岁时年节。宗教节日主要有曲科节（望果节）、萨噶达瓦节、传昭大法会、主巴大法会、达旺大法会，岁时年节主要有门巴族新年、珞巴族新年。

　　门巴族、珞巴族新年是传统节日中最为隆重的节日。珞巴族绝大多数部落每年过三个新年。十一月一日过第一个新年，这时庄稼全部收获完毕，休息三至五天，每家杀3只鸡，做40升鸡爪谷甜酒和20升玉米白酒，用米粉炸制20升油饼。期间氏族内互相请吃，家家户户向氏族内的年长者敬送甜酒和白酒各一竹桶和10个碗大的油炸饼。休息期间任何人不得劳动、狩猎、捕鱼，顿顿佳肴美味，尽情畅饮狂欢。

　　十二月一日为大年，不管农业丰歉，都要隆重而热烈地庆祝。十一月二十九日开始杀猪宰牛。三十日在粮仓里杀鸡，每种粮食要杀1只鸡，一般要杀5只（公母均可），鸡血洒在粮食上，祈求粮神保佑明年丰收。这天每家要用大米粉做一筐上等油炸饼，油一般多用野生植物油。这天烤制白酒10竹桶（每桶15市斤左右）。除夕晚餐在天黑后就餐，吃的叫"那土"饭，也可译作"八宝饭"，什么食物都有，所有粮食都要投放一些，牛肉、猪肉、野牛肉、香獐肉、鱼肉、鼠肉都不能少一样。饭前，首先给祖先盛一碗放在客房的木架上，接着盛一碗放在主室（即有火塘之房间）的木架上，这是敬祀山神、兽神和地神的；之后用竹勺舀一勺倒入火塘里，这是灶神的一份，全家感谢灶神一年的庇佑，并祈求继续得到幸福和美满。家人围坐火塘边，长辈在左，依辈分就座。由家中的男长者执勺，一人一竹碗半稠半稀的"那土"。珞巴人说，吃"那土"是象征团结和睦，人丁兴旺，也有感恩地神、粮神和兽神之意。十二月一日鸡叫头遍时，年轻男女去泉边抢水，谁先灌满十竹桶泉水谁就是胜利者，村人向其敬甜酒白酒各一竹碗，向其敬献白线一束，氏族首领在泉边连放火药枪三声，这算揭开了新年的序幕。年长者在家杀只大公鸡，一是看肝、看肠，肝青肠满预示着来年五谷丰登，家人和睦，万事如意，人丁兴旺。二是大米煮鸡肉，家人同餐，预示团结幸福。这天，家人欢乐，初二开始走亲访友，互相吃请。休息七天左右。

正月初一，过第三个新年，除了进行以上两个新年的祭祀活动外，在一个月前就做好了充分的物资准备，尤其肉食多寡是衡量贫富的主要标志之一。要炸三筐油炸饼，油饼有两个拳头大，薄而圆。炸油饼时不准多言，尤其不得说"少""无"字，油锅旁边放一大葫芦水，意为油不会减少。过年这天上午，氏族集体活动，大家动手做一个一人高的三层竹楼，底层摆满用面捏的六畜和各种野兽，中层摆满珞巴、门巴、藏、汉、僜人五个兄弟的大小面人，上层放满各种粮食（不得少一种）。氏族首领将一碗甜酒洒向竹楼，象征氏族团结、人畜兴旺、粮食满仓。村人在竹楼旁通宵达旦地喝呀、跳呀、唱呀。初二这天各家祭祀粮神，杀鸡供奉，分别用三个竹碗盛满白酒、甜酒和米饭，放在主室的木架上，主人双手合十对家神求拜，说："请保佑明年人畜兴旺，粮食满仓。"

初三初四，晚上照例是讲故事，在村里公房或大树下烧堆篝火照明、取暖，由氏族首领和长者给大家（多数为青少年）讲传统，讲故事。珞巴族没有文字，浩如烟海的民间文学就是这样一代一代地口头传承下来，盛兴不衰。七天时间里亲朋好友互相串门拜年，同饮共餐。过年期间不准下地劳动，人们沉浸在欢乐的气氛中。

门巴族人的岁时节令民俗活动非常丰富，贯穿全年的始终，几乎月月都有一次或几次民俗活动。它与门巴族的社会发展是紧密相连的。这些周而复始的生产活动，逐渐形成了一套完整的规矩，即民俗，是人们希望人寿年丰的愿望和心理的反映。这些烦琐的岁时节令习俗，表现为各种习惯性的节日，如门巴族新年、望果节，多数是围绕农事活动而举行的喜庆欢乐的形式和场面，当然也有带有浓厚宗教色彩的节日。这些民俗活动，生动活泼，富有生活情趣，吸引着广大群众和青年男女，使它兴盛不败，沿袭至今。门巴族通用藏历。门巴族一年中要过三个年，身着盛装，共享佳肴，载歌载舞，欢度自己的节日。藏历十二月、正月和二月是门巴族一年一度的三个新年佳节。十二月和二月为小年，正月为大年。小年休息五天，大年休息十天。过年除休息时间长短有差异外，过年习俗是相同的。过年要杀猪、杀牛，最穷的人家过大年时也得设法杀头猪。过年备足一背干野牛肉、半背干鱼、二背米粉油炸饼、5克（西藏的计量单位，1克=14公斤）粮酒。过年期间的食物是一年中最丰盛的。

初一这天早晨，男女老少耳闻鸡叫头遍即起，多数人守夜，不入寝，洗手后即去背水，谁第一个背回新的一年中的第一桶饮水，谁的运气就最好，一年里会事事顺心。这家会将火药枪鸣放三响，以示庆贺。据说用这头道水做饭、烧茶、筛酒，味道是甘甜的。从第一到第十个得到这吉日降来的"顿曲嘎木"清水者，穿新衣，戴首饰，手持火药枪或弓箭，一人携带一竹筒白酒和一把大米，十人共带二背油炸饼和一坨酥油，来到清水源头。他们鸣枪三响，每人向空中洒白酒一碗，撒一把大米，撒一个油炸饼，将酥油扔于水中，祈祷水神保佑家人、村人年年如意、安康。初一一大早，天还没亮，家人围坐火塘边，由家长给每人舀一碗放有少许食盐的肉汤，接着喝昨日晚上已经煮好的大米稀饭，饭里放有肉丁和食盐，表示新的一年五谷丰登，人安仓满，吉祥安好，天天的生活像过年。饭里千万不能投放豆类杂粮，它是有色粮食，是不吉利的象征，过年若吃它，会象征整年不顺利，人会得病，兽会害畜，庄稼歉收，交易吃亏，走路会扭脚。天亮后，人们要喝"休顿"：白酒烧开，放白红糖、酥油、若干个鸡蛋，每人一碗，边喝边说吉利话。过年时忌说"死""烂""坏"。喝完这碗白酒，才开始吃年饭。年饭只能吃大米，无米之家提前用四比一的比价用玉米换回大米，供过年食用。年饭由男主人负责，女主人负责筛酒。饭菜由男主人分食。菜几乎全是肉和猪牛的内脏，大人小孩一块吃熟肉。对故去的长辈也要供奉一份。据门巴族老人讲，阴曹地府里的阎王爷过年这天对死鬼们说："今天人间过年，给你们放假，准许你们回去过年。"所以，这天鬼魂们都会回来享用佳节给他们供奉的酒、饭、菜和水。饭前，主人将油炸饼弄碎，同酥油一道在锅里炒一下，放入一个木碗里，置于木架上，说："××长辈虽然已经走了，但他（她）心地善良，今天灵魂会回来的。请享用吧。"接着，再盛一碗油炸饼放在木架上说："今天是过年吉日，一切鬼神都会进村入家的，请你们保佑家人康泰，人畜发展，粮食满仓。这是献给你们的供品，请享用吧。"之后，再舀两份饭、菜放在灶台上，意在希望人多兴旺。

门巴族、珞巴族的节日以曲科节（望果节）为代表。每年藏历六月庄稼成熟的时候，人们就会举行曲科节庆祝活动，通常要两到三天。过节时人们会聚集起来，进行隆重的朝拜仪式，然后人们会在僧人的带领下，背经书举经幡，围绕村庄和庄稼地走一圈，这样做是祈求神灵保佑，人丁兴旺，收成丰富。人们会拿出自家准备的酒饭，在地头田间载歌载舞，欢庆一番。

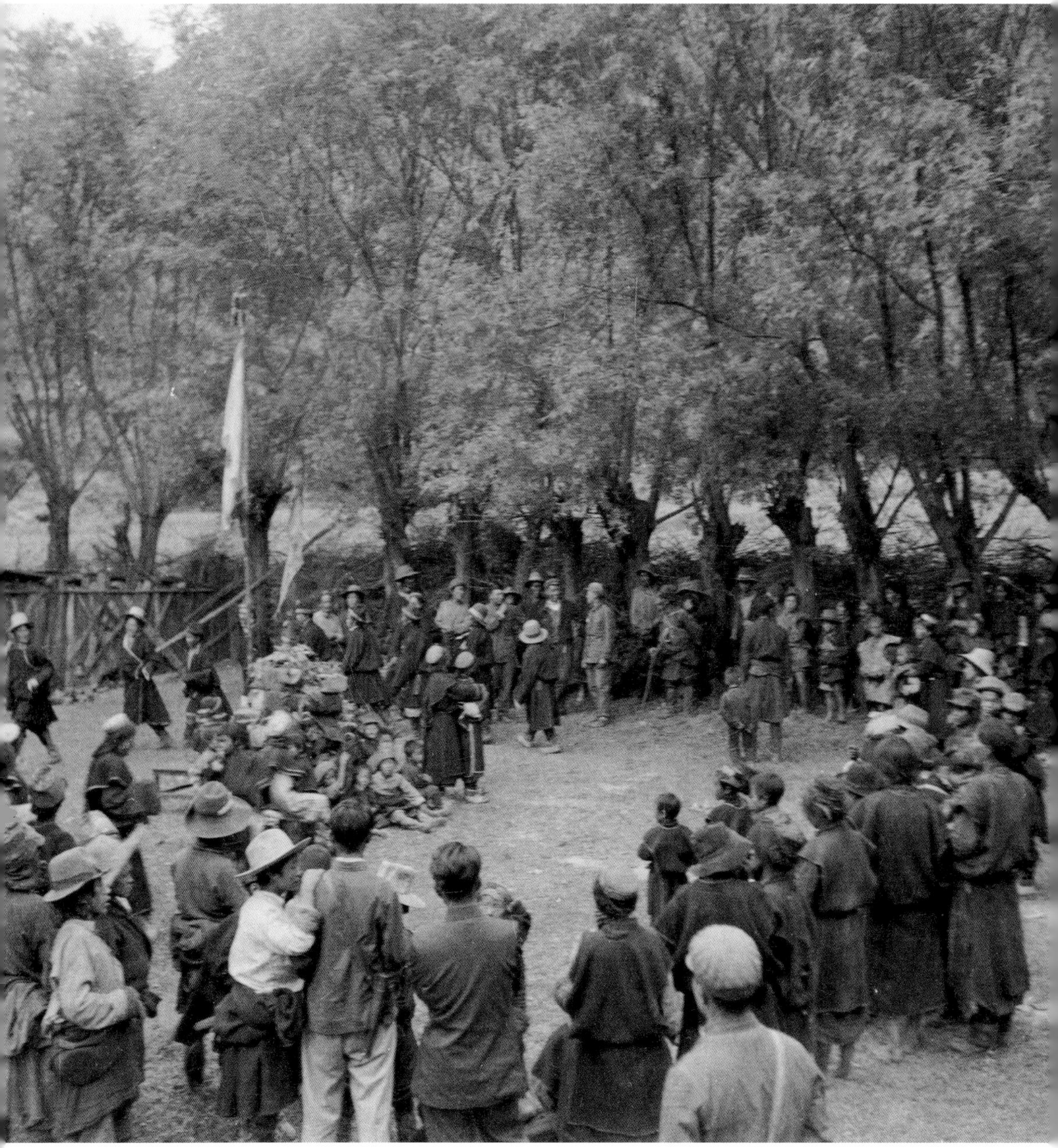

【照片档案078】

图片说明：金珠宗布龙村村民围在一起欢庆丰收、欢度门历新年
拍摄时间：1956年2月
拍摄地点：金珠宗布龙村

【照片口述】

  新年极受重视，人们会提前备足年货，如牛肉干、鱼干、干鼠肉等。过年期间气氛相当热烈、隆重，丰富多彩的民间文化也得以充分彰显。

  门巴族、珞巴族和其他兄弟民族一样，十分重视新年。

  进入腊月，劳作一年的人们该歇歇脚了，家家户户都在为欢庆新年做准备。首先，村中会组织村民修补道路、桥梁，疏通内外道路；其次，猎人会进山狩猎，为新年备足肉食；妇女们会修整房屋，清理牛圈、猪舍。

  妇女们还承担家庭内务工作，如洗晒衣被，添补灶具、食具。家家户户大扫除，用面粉调成糊状，在门、墙和椽条上面涂各种吉祥图案。

  新年前夕，到了除夕之夜，各家均要喝一种用面团、肉块等9种食物煮的粥，以示生活富足。许多人家还会准备一个叫"切玛"的五谷斗，内装炒青稞、糌粑面等物，预祝来年风调雨顺，五谷丰登。大年初一清晨，各家主妇争相早起，抢先到平常汲水的地方背回第一桶水，因为人们认为新年最早背回的水是雪山顶上狮子流下来的乳汁，象征财富，谁背到第一桶水谁就最吉利。从大年初二开始，门巴族以村寨为单位，全村人集中一起，轮流去各家聚餐。在此期间，人们除载歌载舞欢度佳节以外，还要举行射箭、抱石、跳高、拔河等体育竞技和游戏活动。

【照片档案079】

图片说明：珞巴族过新年，家家户户吃请不断
拍摄时间：1956年12月
拍摄地点：墨脱宗卡布村

【照片口述】

　　珞巴族每年过三个新年，珞巴族历法同门巴族历法相差无几，几乎年年同日，只有连续10个新年后，彼此才会相差1～2天。珞历属于物候历，是经过长期实践、观察而得出的。珞历新年在十一月一日（相当于公历12月上旬）、十二月一日和正月初一。一般年景，三个年都过，若遇歉收年景，只过中间的那个新年。过年的氛围相当浓厚，人们穿好的，吃好的，有10天时间用于玩耍，如射箭、拔河、抱石等，晚上围着篝火歌舞，通宵达旦地欢乐。

【照片档案 080】

图片说明：珞巴族过新年时，开展传统的抱石头比赛
拍摄时间：1956年12月
拍摄地点：墨脱宗卡布村

【照片口述】

　　珞巴族抱石头比赛盛行，看似简单，实则技巧不少。石头依重量共有5个等级，由轻而重，最轻的约有百斤，最重的有150斤左右，大部分人抱不动。

　　抱石比赛，一般男性参加的多，也有体壮妇女参赛，获胜者可连饮3碗白酒，以示鼓励。小孩也喜欢凑热闹，他们会比赛轻量级的，获胜者的奖励，就只有大人的夸赞了。

　　类似新年欢庆活动中的体育比赛项目，还有射箭、拔河、扔石头等，人人均可参与，热闹非凡，凡获胜者（成人）可奖饮一碗白酒。

【照片档案081】

图片说明：珞巴族过新年时，村民跳起传统的舞蹈
拍摄时间：1956年12月
拍摄地点：墨脱宗卡布村

【照片口述】

　　珞巴族舞蹈形式多样，传统性强，有单人舞、双人舞、群舞，还有行舞、圆圈舞等。

　　善歌善舞是珞巴族的特点，每逢节庆必然唱，必然跳。珞巴族小孩会说话就会唱歌，会走路就会跳舞，并且舞姿优美，步履轻盈，深受好评。

【照片档案082】

图片说明：卡布村珞巴族过新年时，同当地门巴族一起跳舞
拍摄时间：1956年12月
拍摄地点：墨脱宗卡布村

【照片口述】

　　珞巴、门巴一家亲。卡布村12户均为珞巴族，但有两家中有门巴族成员。如珞巴族平措的妻子措姆（中）就是门巴族。他们遵循《珞巴五兄弟》中大哥为汉族，二哥为藏族，老三为珞巴族，老四为门巴族，老幺为僜人的习俗，互相尊重、信任、关心、爱护、和睦相处，亲如家人。

　　墨脱山区小村庄一般以氏族为单位组成，通用本民族语言。若一个村里有两个民族，除本家用本民族语言外，彼此间则通用两个民族的语言，语言互通，文化相互融合。

【照片档案083】

图片说明：墨脱县达木珞巴民族乡珞巴族过新年时开展拔河比赛

拍摄时间：1988年8月

拍摄地点：墨脱县达木珞巴民族乡

【照片口述】

　　珞巴族相当重视体育锻炼，每逢重大节日，他们都会开展各种体育活动，如射箭、拔河、抱石、扔石等活动。

　　拔河的比赛形式，有男对男、女对女，也有男女混合赛，但人数必须相等，裁判一边一名，手持手卷。获胜队每人奖励一碗鸡爪谷甜酒。

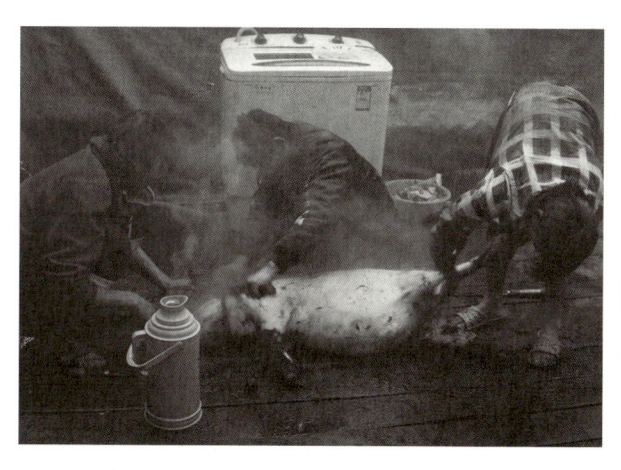

【照片档案084】

图片说明：珞巴族杀猪过年

拍摄时间：2011年9月

拍摄地点：墨脱县拉格

【照片口述】

　　藏香猪是珞巴族饲养的重要牲畜与肉源之一。藏香猪也是一种古老畜种资源，是西藏原始的瘦肉型猪种。

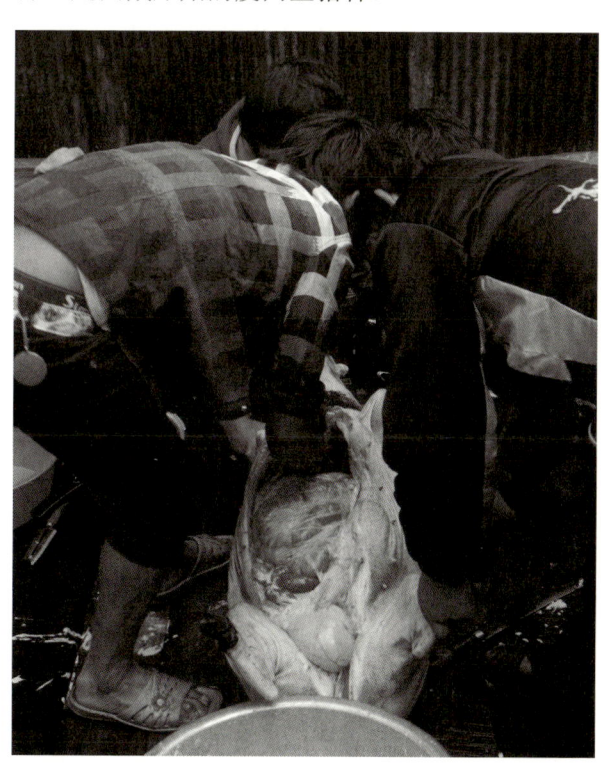

【照片档案085】

图片说明：珞巴族杀猪过年

拍摄时间：2011年9月

拍摄地点：墨脱县拉格

【照片口述】

　　杀猪的程序可分为宰杀放血、煺毛、开腔、分割猪体、清理内脏等步骤。

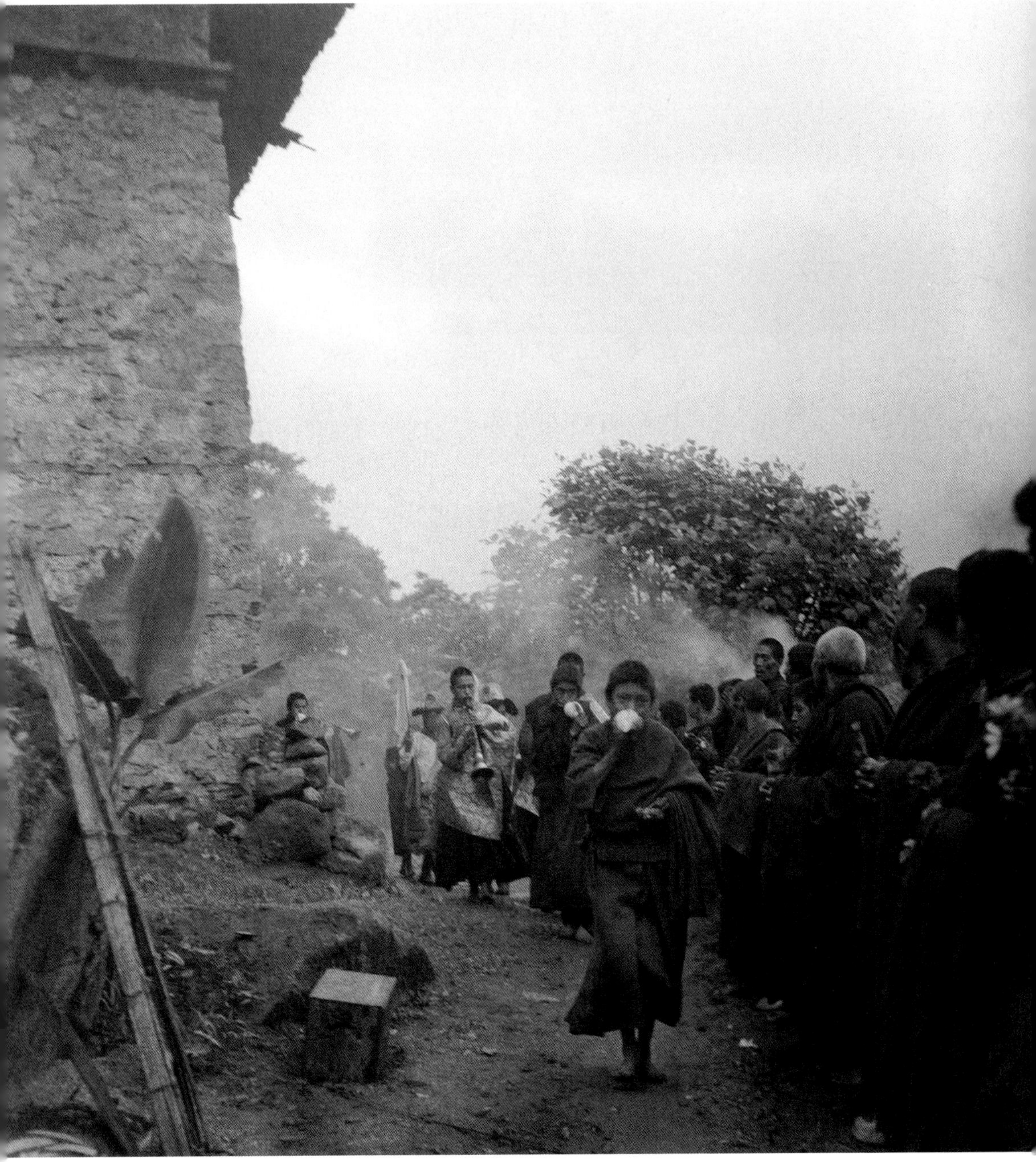

【照片档案 086】

图片说明：金珠宗藏族群众过"曲科节"（望果节）庆丰收
拍摄时间：1956 年 8 月
拍摄地点：金珠宗聂巴村

【照片口述】

"曲科节"深受群众重视，隆重热烈，大约在每年的藏历六月（公历8月左右）庄稼抽穗灌浆时举行。人们身着盛装，每人背一捆藏经，僧人引路，吹号、打鼓，绕村里大片土地一圈，然后煨桑，僧人坐地念经，群众围坐畅饮甜酒，开心地跳舞、唱歌一天，或通宵达旦地欢娱。

【背景资料】

望果节又称"丰收节"，藏语为"转地头"之意，主要是西藏自治区藏族农村喜庆丰收的节日，节期一般在藏历六七月。过去西藏是在"鸟王"（大雁）南飞季节到来之前过节，现在各地的过节时间，主要根据农事安排而定。节期一至三天不等。届时，身着彩色新装的男女老少，打着各色彩旗，高举青稞穗，抬着系有洁白哈达和用青稞、麦穗等制成的"丰收塔"，背着经书，敲锣打鼓，边诵丰收经，边绕着田边地头转。这一仪式完后，还有赛马、射箭、赛牦牛、唱歌跳舞等娱乐活动。休息时进行丰盛的野外郊宴，人们尽情表达丰收的欢乐。节日一过，紧张的秋收便开始了。望果节在西藏已有1000多年的历史，最早流行于今雅鲁藏布江中下游河谷地带。

【照片档案087】

图片说明：望果节的队伍转田间地头

拍摄时间：1956年8月

拍摄地点：金珠宗聂巴村

【照片口述】

在"曲科节"前，人们做了许多准备，用的、吃的、穿的都准备充分。人人都乐意参加这项活动，认为这是难得的欢娱时光，大家争相跟随，不少小孩也尾随队伍后面凑热闹。"曲科节"中，节日饮食也很丰富，可谓人神共娱，皆大欢喜。

【照片档案088】

图片说明：门巴族土葬时的坟堆
拍摄时间：1991年8月
拍摄地点：墨脱县背崩村

【照片口述】

门巴族实行先土葬后火葬、水葬的复合二次葬。死者土葬一年后，人们再将其尸骨挖出实行火葬，最后将骨灰撒于江中，这种复合葬很有研究价值。

【背景资料】

由于历史、宗教、环境和民族习惯等诸多因素的影响，门巴族、珞巴族传统的丧葬形式呈现出多样化的特点。门巴族中有水葬、土葬、天葬、火葬和崖葬等丧葬形式，此外还有屋顶葬和屋下葬。不同的丧葬形式既是门巴族对遗体的不同处理方式，又是他们的灵魂崇拜和祖先崇拜的表现形式。对死者实行何种葬式，完全由僧人念经决定。

成年死者的丧葬还受生前社会地位和贫富程度的影响。水葬和土葬是普通的葬式，但不同地区，葬式又各有侧重，门隅的门巴族重水葬轻土葬，墨脱门巴族则轻水葬重土葬。火葬、天葬、崖葬是高级的葬式，多为僧人和社会上有地位的人所采用，经济条件允许的一般群众也有实行火葬的。屋顶葬和屋下葬是早夭婴幼儿的一种葬式。

【照片档案089】

图片说明：门巴族土葬时的坟堆，四周用树枝围起篱笆，防止野兽践踏
拍摄时间：1991年8月
拍摄地点：墨脱县背崩村

【照片口述】

  每个坟堆四周均用木棍（2米高）架成篱笆，约有5平方米大小，篱笆是全封闭的，人畜不能入内，以示对逝者的尊重。

  坟穴选在朝阳干燥之处，具体地点由僧人负责掐算，再实地察看而定。

  一般坟穴长3米左右，宽80厘米，深120～150厘米。挖穴者由身体健壮、品德良好的人担当。坟穴挖成后，要夯实地基，再用刺条甩打地面，以象征驱赶妖魔鬼怪。

  入葬时，坑底铺垫草席，遗体置上，坑的中部放入一木板，将逝者生前用品放上。

  坑顶再放一木板，上放荆棘，以防止鬼怪进入，然后再堆放约50厘米厚的泥土，压上石块与荆棘，四周架上篱笆，防止人畜进入。

【照片档案 090】

图片说明：门巴族村民超度死者亡灵

拍摄时间：1991 年 8 月

拍摄地点：墨脱县背崩村

【照片口述】

　　门巴族的葬礼仪式：死者入土时僧人便开始念经，超度亡灵，一直到篱笆建成，经幡竖起结束。仪式上，只竖一根经幡，木杆高 5 米以上，杆上系 20～30 幅印有藏文"六字真言"的嘛呢旗。

　　然后众人向坟堆投扔食物、白酒等，以示向死者告别。这一仪式十分重要，被认为是阴阳世界的分水岭，参加者均十分认真与庄重。

【照片档案091】

图片说明：门巴族土葬后，僧人带领死者亲属绕坟地转三圈，以示超度亡灵
拍摄时间：1991年8月
拍摄地点：墨脱县背崩村

【照片口述】

　　土葬后最后一关是参与者在僧人引领下围着坟堆正转（顺时针）三圈，以示告别，众人最后都要说一句："你要走正道，向天界走去。"整个活动才算结束。一般全套仪式需耗时一天。

第五章
民居服饰

　　门巴族、珞巴族由于受社会发展程度的制约和地理环境、地域差别的影响，又与藏族大杂居、小聚居，在长期的历史发展过程中，民族文化相互影响，生活习俗相互融合，因此既具有民族特色，又表现出多元化的特征。

　　民居建筑方面，墨脱多树木和竹子，故当地人就地取材建房。房屋皆为竹木结构。屋顶为"人"字形，房上盖草或芭蕉叶。1994年后开始逐渐改为镀锌板屋顶，现已普及。大门向东，房屋为方形或长方形。内分三层，中层住人，下层关牲畜，顶层为角楼，存放粮食和杂物。中层房屋有正屋和偏房，正屋面积最大。屋内南为灶塘，南墙上开窗户。北为偏房。偏房又分为两小间，一间作客房，另一间是存放衣物和贵重东西的地方。正屋东面门外有一阳台或小走廊，用短梯与楼下相通。正屋西侧窗旁为主人陪客之地。夜晚全家在正屋歇息。有的家庭房屋大，在正屋的东南角又夹一小屋，称为"果干"，内设灶塘，作为煮酒的场所，客人多时，家人可临时居于此。二楼的地板和墙壁皆为木质，顶上铺有一层粗竹。有的人家还在室外修有粮食仓库，与住房不相连接，万一正屋失火，仓库仍存。

　　门隅门巴族的住房多为石砌碉房，总体布局与墨脱相同："人"字形屋顶，上盖木板，木板用刀、斧劈成，有意留下木板的自然纹路。木板顺屋脊一块块交错叠加，再用石板压紧，以避免被风掀起。大门向东或向南。屋亦分三层，下层为畜圈，中层住人，为木地板。多为一间大房屋，灶塘居中，白天为炊事、吃饭和待客的场所，夜晚可席地而眠。屋里四周放置木柜，存放粮食、衣物及日常用具。许多家庭还在楼下另修有一个小屋，做堆放杂物之用。三楼的角楼，堆放柴草。

在服饰文化方面，墨脱门巴族男子蓄发；身穿红色或黑色氆氇长袍，形似藏袍，但较短小，内衬无领白色短衣；系腰带，佩短刀。墨脱妇女喜穿大红短内衣，外穿长条图案的无领无袖长衫。这种长衫与林芝等地藏族所穿的"工布"服相同，称作"郭学"，衣服前后各一片，两肩略宽，中有一圆口，穿时从头上套下，用镶银腰带或一般棉线织的带子束紧。妇女下穿长条彩花筒裙，称作"墨约"；身上有金属和玉器装饰品。

墨脱气候炎热，无论男女，多赤足，不戴帽。门隅门巴族男子蓄长发，戴氆氇做成的圆顶翻檐小帽，称"八拉嘎"，帽顶为黑色，下部为红色，翻檐部分为黄褐色浅绒，帽檐右前方留一缺口；戴耳环；外衣与墨脱门巴族相同；足穿软皮底氆氇筒靴，靴面多为黑色，靴筒为红色。门隅妇女要用彩色线与长发一起编成辫子盘于头上；帽子与男子同；以绿线串珠做耳环；内衣为长袖短衣，多为红、白两色；外衣名"冬固"，系无领长袖过膝长袍，用蓝布裹边做装饰，无扣，用腰带扎紧；背背一张牛犊皮。门隅妇女颈上挂各色串珠，叫"劈尔哎"，颈后有一块闪亮的圆形金属薄片，叫"答切尔"，胸前挂护身佛盒"嘎乌"和黄色珠玉"波谢"，还戴金属手镯和戒指；穿长靴，靴为软皮底氆氇筒靴，靴面多为黑色，靴筒多为红色。

【照片档案 092】

图片说明:帮辛地区建在陡壁上的加热萨村

拍摄时间:1955 年 6 月

拍摄地点:帮辛地区加热萨村

【照片口述】

帮辛地区的加热萨村连个篮球场大的平地都没有，房屋全部盖在陡峭的山坡上，俗称"挂在墙上的加热萨村"。

加热萨村海拔 1350 米，位于喜马拉雅山南坡，通往波密遂村的遂拉山南麓，战略地位十分重要，清朝赵尔丰部队、藏军都曾在此战斗过。1952 年 6 月，我珞渝工作组从扎木翻山路过此地再去卡布、金珠开展工作。

该村 24 户全部居住在陡峭山坡的悬空房中。盖一栋房屋占地约 100 平方米，得挖去上千立方的土石。房外山势陡斜，地上放个篮球都会自动滚动几百米再坠入山下的雅鲁藏布江中。墨脱人民就是在这种恶劣的环境下与大自然拼搏，坚强地繁衍生息下来。

【背景资料】

现加热萨村属加热萨乡（1988 年改乡）所辖。全乡距县府（墨脱县）105 千米。人口 800 余人。加热萨乡产业以农业为主，种植玉米、水稻、鸡爪谷等。乡内的主要居民为门巴族和珞巴族。长期以来，珞巴族、门巴族和其他民族在保卫和开发祖国边疆的过程中作出了自己宝贵的贡献，同时也创造了灿烂的文化。

【照片档案093】

图片说明：墨脱宗达木村珞巴族装粮食的仓库
拍摄时间：1956年10月
拍摄地点：墨脱宗达木村

【照片口述】

　　珞巴族和门巴族家家户户都有一个"根松"（粮仓）。

　　除了储存粮食外，家中的宝贝、值钱的东西都置于仓内。仓内还有一个"阳崩"，大小如锅、陶器，内装9种或11种东西，如藏币、经书及金银细软等，象征"财源滚滚来"。

　　"根松"有大有小，一般距住房20余米处，以防火灾。一般有9根竹柱，约20平方米。距地2米左右，竹柱上有个大圆木盘，防鼠爬入。可防潮。仓底大多是牛圈。

　　我在此务政16年，没有发现一家"根松"有上锁的，全都用一根细藤条绕缠在小竹钉上作房锁，从未有偷盗、遗失发生。

　　珞巴族和门巴族忌讳很多，但最痛恨偷窃和说假话。人们常称赞他们是"不上锁的民族"，可谓名副其实。珞巴族和门巴族的诚实与淳朴，也可载入史册。

【照片档案094】

图片说明：金珠宗布龙村村民修建房屋时打"阿嘎土"

拍摄时间：1956年2月

拍摄地点：金珠宗布龙村

【照片口述】

打"阿嘎土"这种活动，仅在金珠地区的个别富裕户盖楼房时采用。藏式民居一般是木房，珞巴族和门巴族多为吊脚竹楼，盖楼房者除外。

【背景资料】

阿嘎土为藏语名称，是高原温带半干旱灌丛草原植被下形成的土壤。在中国，主要分布于西藏雅鲁藏布江中游谷地。其腐殖质层呈棕灰或灰棕色，弱粒状结构，下接棕色或褐色土层，团块或块状结构，淀积层呈淡棕或灰白色，为含砂姜、脉纹状石灰新生体的土层或石灰胶结层。

阿嘎土也是藏式古建筑屋顶和地面普遍采用的传统材料，夯制的过程称为"打阿嘎"或"打阿嘎土"。打出来的阿嘎土屋（地）面既美观、又光洁，具有浓郁的民族特色。

打阿嘎土时，劳动者通常是十几个人排成两队，每个人手中拿着一根木制的工具，唱着歌、按一定的节奏前后左右移动步伐，同时用手中的工具敲打着脚下的碎石和泥土，来回打压将之夯实。

【照片档案 095】

图片说明：金珠拉山下的藏族民居

拍摄时间：1957 年 7 月

拍摄地点：墨脱宗格当村

【照片口述】

  这是墨脱宗金珠地区格当村的风貌。村落海拔 1750 米，居于喜马拉雅山金珠拉山南麓下，风光秀丽。格当村藏族居多，气候偏冷，民居多为石木结构。

  金珠地区原系卡布村珞巴族的猎场。在百多年前（约 1870 年），康区类乌齐思达一带的信众前来朝圣闻名遐迩的圣地——白马岗，路经此地深感美丽与富饶，经与珞巴族酋长商议，在此定居下来。其后在十年时间内，又从康区迁来上百户藏族农牧民，并建起格当寺，属恩达寺的子寺，活佛叫江求多杰，是爱国人士，是"昌都地区解委会"第二办事处（波密）的委员。

【照片档案 096】

图片说明：墨脱县达木珞巴民族乡珞巴族吊脚竹楼

拍摄时间：1988 年 8 月

拍摄地点：墨脱县达木珞巴民族乡

【照片口述】

  珞巴族和门巴族的民居，一般分两种：一种是木质的，富裕户、头人酋长多采用；另一种是竹质的。不管哪种，都采用吊脚的形式：底层关猪养牲畜，中层住人，上层堆放杂件等，在房屋后面一定距离内有装粮食的仓库，房前可晒粮食。

  民居附近还有一块大小不等的菜地，种植香蕉和蔬菜。蔬菜主要有辣椒、茄子和瓜类，品种繁多，足够食用。

【口述文献】

竹楼人家

口述人：冀文正
整理：焦虎三

珞巴族的许多传说都称，他们的祖先曾经有过"穴居""树巢"的历史。经过漫长时间的实践，他们创造了各式各样的住房，但竹楼是主要民居。

我1954年夏抵达卡布村扎点时，珞巴族同胞帮我们新盖的也是竹楼。珞渝地区有十余种竹子，粗的直径达30厘米，竹林漫山遍野，竹子产量丰富，分布广，韧性好，结实，轻巧，耐用，为修建竹楼提供了充足的条件。

喜马拉雅山区峡谷纵横，平地很少，炎热潮湿，塌方倒树频繁。因此，珞巴族喜欢居住在地势高、朝阳的缓坡上。村庄是以有血缘的氏族或家族聚居而成的。竹楼均为长方形，宽约6米，长约9米。石头垒基砌墙，外墙高1.5米，内墙高1米，墙厚0.5米，上放又宽又厚的横木，横木接连处有凸凹衔接，相当牢固。每隔2米立一木柱，柱高2.5米，其间用双层竹板当墙，木柱上架有横梁，固定房架。屋顶是"人"字形，房盖也用双层竹板代瓦，晚上躺在屋里，可以看见眨眼的繁星，若下雨，开始有小雨星滴下，片刻便没有了。整座竹楼，除地板、横木、横梁和门窗外，其余全部为竹子，当然包括天花板。入内只有一个门，对面有一个两扇的窗户，使空气对流，这间为主室，砌有灶台，是炊事活动的地方，也是接待客人和家人夜寝之处。火塘上有三块支起的皂石当灶脚，架锅煮饭烧菜，也有用皂石垒成灶台，前边一个洞，后边左右各有一个洞，同时可放置三个石锅做饭烧水。主室门后地板处留一个洞，是妇女分娩的地方，也是大人和小孩解手和倒垃圾的地方。从主室入偏房，偏房是存放食物和供客人住宿用,也是年轻人约会情人之地,有窗户通外。

制作竹板时根据需要的长度,砍掉原竹的两头,留够中间的尺寸。竹子是有纹路的,用锋利的腰刀顺着竹子的纹路上下直砍,不能横砍,一刀只能砍一筷子长,不能一刀直砍到底。这样,一根竹竿要砍上百刀,然后从上往下直劈下来,便成了有几十厘米宽的竹板。挡墙的竹板是两片竹板竹面朝外,而房顶当瓦用的两片竹板里面重叠朝天,因竹板里面有槽沟,故雨水顺槽而下。房顶竹板三年换新一次。一幢竹楼不用一个铁钉,实属罕见。这是珞巴族同胞聪明智慧的充分体现。主室门外有一个竹架,20平方米左右。一般栽9根粗竹当柱,横梁及竹板均用竹子,也有用乌木板的。竹架有栏杆,供晒衣之用。竹架是晒粮和乘凉的地方。有一木梯竖于竹架旁,以独木刻阶为梯,用以上下。木梯左边斜栽一个一米多长的木制男性生殖器,一年换新一次。据说,这样一可避邪,二可人丁兴旺。

主室靠墙处是火塘灶台,左边堆放葫芦等制酒用具,为女主人大显身手之处。灶台右边木架放灶具,多为男主人做饭活动之地。灶台左右及后面的墙上挂满了猎人所猎获的兽骨、兽角等。入门处挂弓箭,不得轻易触摸。

竹楼有三层,底层圈猪关牛,中层住人,顶棚上堆放农具、农副产品及食物和灶灰等。随着生产的发展,生活的改善,在珞渝各地修建木质房屋的越来越多,要求也在提高,形状大体和竹楼相仿。

珞巴族人选择房宅地的方式也很特别。如一家有五口人,要拿五颗稻谷,外加牛、猪、鸡各一颗,共八粒为一组,要预选三个地址,共需三组稻谷。将预选的宅地平整一尺见方,砸实,中心放一组谷粒,上放鲜树枝,再压一块石板。太阳落山后放谷粒,翌日太阳出山前察看。若八颗谷粒中有散开在外的,象征这里不好,会死人;若谷粒中有蚂蚁,象征人会常患病;若谷粒仍堆在一起又无虫子,象征这里地气好,适宜建房筑屋。宅地确定后,便开始了繁杂的祭祀活动。家家户户房前或屋后建有一个高脚粮仓,离地一人高,一个活动竹梯。全家的贵重物品置于仓内但不上锁,也没丢失现象,真不愧为"不上锁的民族"。

【照片档案 097】

图片说明：墨脱县卡布村珞巴族吊脚竹楼依山而建，底楼可圈养牲畜，中间住人

拍摄时间：1988 年 8 月

拍摄地点：墨脱县达木珞巴民族乡

【照片口述】

　　墨脱县位于准热带、亚热带地区，气候炎热，而地震频繁，且竹林遍地，因此"吊脚竹楼"非常适合在这里建造。

　　这里各种竹子取之不竭，修建简单，投工不多，开支很小，它轻巧，透气性好，又不怕地震，1950 年 8 月 15 日发生的墨脱"8·15"地震里氏 8.5 级，吊脚竹楼倒塌的数量几乎为零。因此，珞巴族和门巴族人民多数选择修建"吊脚竹楼"。

【口述文献】

吊脚竹楼的故事

口述、整理：冀文正

1955年9月，我和李永华进驻卡布不到一个月，珞巴族人对我们的工作就给予了充分的肯定——雅西氏族接受我们为他们氏族中的一员。

第二天一大早，我跟随安布察看了三处地址，确定在村人集会的南边是个理想的建房处。上午，全氏族向新宅地敬洒甜酒和牛奶，祈求地神和地龙庇佑新房主人平安祥和。接着开始施工。妇女挖地基，男人砍竹子，老人劈竹。吊脚竹楼为长方形，宽约6米，长约9米。用石头垒基砌墙，外墙高1.5米，里墙高1米，墙厚0.5米，上放又宽又厚的横木，横木由榫卯衔接，相当牢固。每隔2米立一木柱，柱高2.5米，其间用双层竹板当墙，木柱上架有横梁，以固定房架。屋顶是"人"字形，房盖也用双层竹板代瓦。整座楼，除地板、横木、横梁和门窗外，其余全部为竹子。入内只有一道门，门对面留有一个两扇的大窗户，利于空气对流。室内垒有灶台，旁边还修了一张用三块皂石支灶脚的火塘，以架锅煮饭烧菜。靠南墙放了两张大竹床，每张可睡三个人。善良的珞巴族人还专为我们制作了一张大竹桌，说是好让我们写字，记下珞巴族人说的话。

第三天制作竹板是技术活，由能工巧匠负责。

珞巴族人们盖房都是无偿的劳动，所以当我们付给每户5块银圆、3克[1]粮食作为报酬时，他们再三谢绝，经过我们反复解释政策和纪律他们才勉强收下。

---

1 "克"是西藏特有的度量单位，1克＝14公斤。

【照片档案 098】

图片说明：墨脱村门巴族木楼
拍摄时间：1991年8月
拍摄地点：墨脱村

【照片口述】

  旧时代，原墨脱宗的少数富裕户一般才住木楼。这是原墨脱宗首富、"当布措"的"措本"（区长）阿旺次臣居住的木楼。

  木楼也有大有小，大的有18根木柱，有8大间房，面积为150～200平方米，建筑全用木质材料，房顶也用木板。

  木楼也是三层，底层关牛圈猪，中层住人，顶层置放杂物。造一栋木楼的花销是吊脚竹楼的十几倍，故在当地木楼成为富裕的象征。

【照片档案099】

图片说明：风景优美的德兴村，村子高处经幡飘扬
拍摄时间：1996年10月
拍摄地点：墨脱县德兴村

【照片口述】

从雅鲁藏布江东岸的墨脱村向西俯视美丽的德兴村。该村海拔600米，是墨脱县位于海拔600米以下的6个村庄之一。

德兴村位于江边，气候炎热，出产丰富，人民生活富裕，坝子也大，很有发展前途。

【照片档案100】

图片说明：隔江相望德兴村
拍摄时间：1996年10月
拍摄地点：墨脱县德兴村

【照片口述】

德兴村海拔很低，居于大江边上，这里海拔低、出产好。但天气极度炎热，夏季"蚊子、跳蚤能把人抬起来"（当地群众俚语，意为夏季蚊子、跳蚤多而凶狠）。晚上家家户户在屋内熏烟才能入寝。

【照片档案 101】

图片说明：远眺背崩村的民居
拍摄时间：1996 年 10 月
拍摄地点：墨脱县背崩村

【照片口述】

　　墨脱各村均有特点，风光秀丽是一致的，热带植物环抱村落，不少村落淹没在竹林、桃树、香蕉树林里，一派美丽而恬静的南国风光。

　　这里也是当年边防的大本营与基地。我们修建的"解放大桥"（钢索吊桥）就架在村边的雅鲁藏布江上，是通向林芝地区的关口，战略地位十分重要。

【照片档案 102】

图片说明：风景如画的墨脱
县背崩村
拍摄时间：1996 年 10 月
拍摄地点：墨脱县背崩村

【照片口述】

墨脱县背崩村，位于格林山下，距大江 300 米，村下 100 米就是背崩平坝，有上千亩土地，是墨脱第二大平坝（第一为地东莫邦平坝），已耕水田 500 多亩。这里人民的生活算较富裕的。在此村南 5 千米处，有一个 20 多个流量的大瀑布，从德尔贡山上飞流直下，十分壮观。

【照片档案 103】

图片说明：云雾缭绕的背崩村
民居
拍摄时间：1996 年 10 月
拍摄地点：墨脱县背崩村

【照片口述】

背崩村下面即是雅鲁藏布江，江上边 100 米是大平坝，再上边 100 米是村庄。在秋冬季往往有一半时间村庄淹没在云雾中，形成独特的"云上人家"的奇观。

【照片档案104】

图片说明：云雾缭绕的墨脱风光，云上人家
拍摄时间：1996年10月
拍摄地点：墨脱县背崩村

【照片口述】

  背崩村在墨脱一带很有名气，一因该村是个大村；二因其地理位置十分重要，是外来人员进入墨脱的必经之路；三因这里是墨脱的粮仓，水田多，也富庶；四因村落附近有神湖（布琼湖）与大瀑布（江新瀑布），这两个景点都远近闻名，人人向往。

【照片档案105】

图片说明：珞巴族的石头房，外面饲养牲畜
拍摄时间：1997年4月
拍摄地点：墨脱县洛果村

【照片口述】

墨脱山区平地极少，缺少放牧的地点，所以牧业发展受限，大小牧场极少，仅圈养牛、猪等家畜。

洛果村背后是南迦巴瓦峰山脚，适宜放牧，珞巴族的牧场就设在这里，故珞巴族在此建有石头房子，方便放牧。

南迦巴瓦峰脚下石板成堆，这种石头多为灰色的皂石，是制作石锅的原料。它的特点是易成形、形质轻巧。牧民的石头房就利用它盖成，房屋四围用皂石堆砌，房顶铺上八至十块木板，也有用大块的皂石当瓦。关牲畜的石头房留有一门，便于牧畜出入，放牧者住在旁边的另一石头房内。

【照片档案 106】

图片说明：墨脱县城

拍摄时间：2006 年 10 月

拍摄地点：墨脱县城

【照片口述】

　　墨脱县的现代建筑在县城。当时虽然不通公路，但是县城的建设一直在如火如荼地进行中。

【照片档案 107】

图片说明：墨脱村落

拍摄时间：2006年10月

拍摄地点：墨脱县德兴村

【照片口述】

　　德兴村，位于墨脱县城的雅鲁藏布江下游岸边，处在山腰间，云雾缭绕。一排整齐统一的民居依山而建，颇有田园风情，从远处望去就像一幅水彩画。近年来，漳州市援藏工作组先后投资承担起德兴小康示范村的建设项目，改变了德兴村的面貌。

【照片档案 108】

图片说明：墨脱县边依山而建的村落
拍摄时间：2006 年 10 月
拍摄地点：墨脱县

【照片口述】

　　墨脱全境，山多平地少，在山区由于受地形的影响，村落皆依山而建。经过几批援藏队的不懈努力，如今墨脱的城乡面貌已经焕然一新，当地老百姓过上了幸福的生活。

【照片档案109】

图片说明：墨脱县城旁的老村落

拍摄时间：2006年10月

拍摄地点：墨脱县

【照片口述】

　　走在墨脱县城旁的村落里，宛如进入了一个大迷宫。里面所有建筑物因地势变化而分布，巷道也因此曲折蜿蜒，四通八达。巷道十分狭窄，最宽的也只有一米多。

【照片档案110】

图片说明：墨脱的新民居

拍摄时间：2006年10月

拍摄地点：墨脱县

【照片口述】

  随着生活水平的提高，墨脱县的民居结构也发生了变化，占地面积变大，结构变得更坚固、布局变得更合理，这种"新"民居的出现也是必然与合理的。

【照片档案 111】

图片说明：墨脱县城的门巴族民居
拍摄时间：2006 年 10 月
拍摄地点：墨脱县

【照片档案 112】

图片说明：墨脱县城的门
　　　　　巴族民居
拍摄时间：2006 年 10 月
拍摄地点：墨脱县

【照片口述】

　　县城内的门巴、珞巴民居一般为两层木屋，底层圈养各种家畜、贮藏木柴和杂物。房子通常被火塘烟熏火燎，又黑又脏。房间不大，但都开有窗户。

【照片档案 113】

图片说明：珞巴族猎人的服饰
拍摄时间：1957 年 8 月
拍摄地点：墨脱宗墨脱村

【照片口述】

  珞巴族猎人的雄姿，也是珞巴族猎人标准的形象。猎人头上戴着熊皮制作的猎帽，帽顶左右是两颗野猪獠牙。猎人身着熊皮外衣，用于防水保暖。猎人手持强弓，身挂箭筒，腰拴长刀。这张逆光照片我拍摄很成功，可永作纪念。

  珞巴族以狩猎为主，兼营农业。主食（粮食）靠农业，副业、副食（肉类）靠狩猎。珞巴族狩猎有两个季节：冬季进山猎取野牛，每头重达千斤，是猎户人家副食的主要来源；夏季进山取麝香，是副业收入的主要来源。一个中等的麝香可卖 20 块银圆。

  平时小农闲时，他们也在村庄附近猎取黄羊、野猪等。据我当时调查，珞巴族男子一生中，约有 40 年的时间在从事狩猎活动。

【照片档案 114】

图片说明：墨脱宗墨脱村门巴族猎人的服饰
拍摄时间：1957 年 8 月
拍摄地点：墨脱宗墨脱村

【照片口述】

门巴族人原本是不狩猎的。但他们迁徙至墨脱后逐步改变了生产方式——在墨脱不狩猎是无法生存的，因为墨脱是高山峡谷区，平地、草地极少，无法发展畜牧业，肉食和食油只有靠丰富的狩猎资源；另外，受珞巴族狩猎活动的影响，门巴族人逐渐形成了既务农又从事狩猎生产的生活习惯。但他们的着装简单多了。不过，他们也以弓箭为狩猎工具。

图中人物叫普布刀杰，墨脱县墨脱村人，生于 1910 年，卒于 2016 年，享年 106 岁。他务农、狩猎，又是一个"仲肯"（故事家），给我讲了不少民间文化知识，是我的知己朋友。我缅怀他，愿他安息。

【调查资料】

珞巴族服饰

收集、整理：冀文正

俗语所说的"十里不同风，百里不同俗"在衣食住行方面的表现特别显著。服饰习俗是人类物质和精神文化生活的重要表现，有其悠远的历史。

珞巴族居住在广袤的珞渝地区的数十条江河流域，南北相距三百多千米，东西长近千千米，从热带到温带，从平原到山区，由于地域因素的差异，不同性别和不同年龄的人对服饰的形式、颜色和装饰也有不同的需求。珞巴族是一个爱美、爱打扮的民族，尤其妇女更是如此。在珞渝北部山区，男子夏穿自织的土白布短上衣，长袖，大对襟，两个布扣在右边，下穿自织的带花纹短裤，冬穿从藏族同胞处购回的氆氇长袍或自制的野牛皮大披褂。妇女夏穿带花纹的上衣，下穿白布短裤，冬穿用氆氇拼成长方形、中间留有一个圆口的披肩。男子右侧腰间挂小弯刀、火镰，腰前横拴一把利刃。男女都有许多银器装饰品，每逢节日，则戴上所有的银器。腰带相当讲究，宽四指，有各种图案，龙、蛇是不能缺少的，五种颜色，上挂小串珠、铜铃、贝壳，走路时发出悦耳的响声。男女四季赤脚，茧厚刺扎不进。富裕男女都戴银镯、银项链，一般珞巴族人只戴藤镯，用于刮汗和刮舌。男女都扎耳孔，戴金银耳环或藤品，以示贫富。男子外出都手持强弓，身背箭筒，腰挎长刀，头戴熊皮帽，相当魁梧。在珞渝腹心地带和南部，交通闭塞，衣着还保留着古老的样式，衣服形式还十分简陋，男女夏穿白布汗衣，裸露大部分身躯，冬穿短袖无领上衣。在珞渝山区东部，男穿无襟花布上衣，下穿红绿色短裤。妇女上穿有两个布扣的衣服，下部用花布围腰遮丑，也有用棕毛当遮丑物的。男戴大银耳环，一般只戴三串，每串20个珠。

还有戴铅耳环的，婚龄妇女视此最为美丽。

珞巴族的发式多种多样。有的部落都剪短发；有的长发散披背后，女的梳几条辫子垂于肩后；有的男女均蓄长发，发置于头顶，横穿一根竹签；热带地方全为光头。有戴圆形礼帽的，有戴氆氇圆形帽的，有戴自编藤帽的，有戴熊皮帽的，帽前两边各固定一个野猪獠牙，有些部落还在帽上插若干根鸟翎，十分美观。

珞巴族人非常重视丧服，不管近亲或远亲，死者都不能穿戴带毛的衣服，以免死者再生变为牲畜。丧服多为白色，以示死者清白。

猎人服装独具特色，表现出珞巴族兼营狩猎生产的特点。兽皮披肩，既轻巧又暖和，不渗水，抗湿性能好。头戴熊皮帽，挡雪遮雨，脚穿"里木"（统靴），鞋帮和鞋底全部是用"阿努"（瑞香树皮）纤维编织而成，它比现代胶鞋还结实数倍。一个健康男子一生狩猎40年左右，四双"里木"足够穿了。小刀、火镰是猎人不可缺少的工具，用黄羊皮当鞘，不易透水。兽皮短裤，柔软保暖。猎人狩猎时穿戴的衣物都离不开兽皮，这充分说明这个民族赖以生存的对象之一是野兽。这种特殊的服装，对于研究珞巴族的经济生产情况是十分有用的。

多数部落的婚后妇女自觉画脸，互相画，在额头两边画两个圆点，嘴下唇画三条横道，小腿肚画图案。用木炭画后，再用针轻扎，使黑色渗入肤内，永作记号。珞渝腹心地带的珞巴妇女将此图案视为最漂亮的象征。

【照片档案 115】

图片说明：门巴族妇女服饰

拍摄时间：1956 年 5 月

拍摄地点：墨脱宗背崩村

【照片口述】

　　门巴族妇女夏季穿着单薄，大对襟衫衣，围裙。天冷时，身穿有孔的套装。冷的地方穿氆氇，热的地方穿粗布。洞洞套在脖里，前后长短一致，系一绳索，索上有一串铜铃、针线包及一把小刀。下穿围裙，赤脚。在旧时代，珞巴族、门巴族男女都不穿鞋，四季赤脚，脚底茧子厚厚的，地上刺都扎不透。但头人、富裕人家还是穿鞋的。

【调查资料】

门巴族服饰

收集、整理：冀文正

　　服饰、饮食、居住等方面的民俗，体现了人民生活中的几种重要习惯。它是最有普遍性和广泛性的了。门巴族人居住地域不同，自然条件各异，生活民俗差异很大，细微的差别更大，细细叙述，困难颇大。现仅将主要生活习俗作一简单介绍。

　　妇女多蓄长发至耳际，也有不少留长辫的，两根尺余长的辫子甩于脑后。红线扎结发辫。男子多留平头，发至眉际，少数留长发，也有剃光头的。

　　墨脱宗妇女戴顶叫"拉崩纳"的氆氇圆顶帽，圆边处有两个缺口，戴时缺口朝前，好看美观。男子戴顶叫"勤加"的用黑毡做的形似礼帽的圆帽，防水防晒。也有人戴礼帽。多数男子爱戴"东夏"皮帽，将湿熊皮缝成同头大小，里边有用硬藤做的圆形支架，干后戴在头上既轻便，又可防石、防雨，十分受人喜爱。它的形状很像现代人施工戴的安全帽。一顶"东夏"能戴两代人。门隅门巴族的帽子别具特色，不分男女，都戴"巴拉嘎"帽，用蓝色或黑色氆氇做帽顶，帽的下部用红氆氇，翻檐是黄褐色蓝布边，并留一缺口，戴帽时男子缺口在右眼上方，女子缺口往后；邦金以下戴盔式帽，插雀翎，帽的下边有若干条穗。两种帽都使人有醒目之感。

　　妇女都戴项链，有玛瑙、念珠、珍珠、海贝等一串挂在胸前，项链上系一个小竹管，内装针线，还系一个自制"学斯工"竹哨，闲时吹哨取乐。富裕户的妇女胸佩"噶乌"（护身佛盒，金属制成，大小不等，内装佛像及经卷），手戴银镯、海螺等。妇女普遍有铁质或银质腰带，银质耳环，头戴一串头饰，一般是四个松耳石和二十个珍珠。这里特别值得一提的是各类饰物引人注目：银质的耳环和首饰做工考究，图案精美；银质胸佩造形美观、花纹细密；华贵的项链是真正的珍珠翠玉；特别是银质腰带，更是别具特色，这种腰带由五节长方形的银质板块组成，每节银板上的花纹各不相同，有龙有凤，有花有草，有山有水，有虫有鱼。一根银腰带价值三头犏牛，深受门巴族妇女喜爱，也是门巴族订婚时少不了的彩礼。

男子左手腕戴银质形似鳄鱼嘴的手镯，右手腕戴一个藤镯，平时刮汗用，早晨刮舌头。夏季上穿白衬衣，下穿花色"门腰"围裙。围裙一般是白、蓝、红、黑、黄五色，均匀对称，配色合理，交织成美丽的图案，花纹有上下的，也有横着的，不过，多数为直纹。围裙长至膝部，圆筒。冬穿长袍或藏装，没有穿裤子的习惯，若穿了裤子，人们会讥笑的。妇女忌讳叉腿而坐，一般多为跪坐或双腿并齐偏向一边而坐。门隅门巴族妇女平时背上披着一块毛向内的小牛皮。

传说唐代文成公主进藏时，背上披着皮子以避妖邪，后来她将此物赐给门隅妇女，于是此物就成为历来沿用的饰品。门隅男人穿赭色布袍或氆氇袍，比藏袍短小。男女穿的内衣是以蚕丝为原料的绸布，男穿白色，女穿红色或花色。短内衣有袖，长内衣无袖，长至腿不开襟，无领，只开一个圆口，穿时从头上套下。外罩衣服有领无袖，无扣，用红色或黑色氆氇做成。男子都系一条长腰带，也有用五色线织成，图案清晰，相当好看。

墨脱宗属亚热带气候，盛产棉花，基本上可以自给自足，不足部分从东贡珞巴或白马岗的文郎、当果村购买。食盐10升可换回一件男长衣用料。棉花织成布工序相当多。一亩地产籽棉40公斤左右，产量还算不错。首先脱粒，将籽棉放入一个木制脱粒机里，犹如压面条那样，棉花被转动的两个木轴相挤而分离开棉花和棉籽。用手将一坨坨的棉花撒成一条条，再纺线。纺线机系木制的，仅仅纺针是铁的，纺轮的转动带动纺针转动，一手摇纺轮，一手拉线。纺成的白线放入大米粥里煮一会儿，棉线会更加结实，不易拉断。人们将其做成经纬线，织成布。织布机同样是木制的，连梭刀也用的是坚硬的青冈木。这道道工序均是手工操作，质量差，效率低。一个妇女用工十天左右才能织成一件男人穿的衣料。白布缝成男衣，妇女穿的各色花布，均用当地盛产的"玛崔"（茜草）染成。

【照片档案116】

图片说明：门巴族少女穿着从不丹带来的传统服饰

拍摄时间：1991年8月

拍摄地点：墨脱县甘登村

【照片口述】

　　男子多穿用厚棉布或毛织品制成的过膝长袍，连身及膝，名"帼"；女性穿着"旗拉"，是长袖短外套和纱笼式的长裙。

第六章
信仰文化

　　珞巴族人和门巴族人信仰文化多元而丰富，既有原始的多神崇拜与万物有灵观，又受苯教与藏传佛教的影响。他们认为世上万事万物都有生命，万物有灵，灵魂不死，因此，对世上的一切都极度崇拜、忌讳，对树、石、水等都格外崇拜，祭祀不断，希冀求到平安幸福。

　　在信仰苯教的同时，珞巴族人和门巴族人还信仰藏传佛教宁玛派，但保留和吸收了苯教的神祇、礼俗和仪轨，具有鲜明的民族性和地域性。在民间集体宗教活动中巫师和僧人常常共同主持。门巴族人认为世界分成天、地、人三界，而那些高耸入云的雪山银峰则是连接三界的纽带，也是神族的栖身之地，因此对雪山和雪山神非常恐惧和崇拜，每年都在特定的季节，举行转山或祭祀活动。墨脱县门巴族人敬仰的四座神山闻名于整个西藏，它们是东部的贡堆颇章神山、西部的布达泽彭山和白玛协热山，南部的恰贵崩日神山。其中，贡堆颇章神山传说是由莲花生大师开辟，山上僧帽形的巨石旁，据说有大师留下的金钥匙，谁能找到这把钥匙，谁就能打开通向人间净土的神门。其周围茫茫林海，有美丽的森林湖包围。每年7—8月，到这里转山祭湖的信徒络绎不绝；恰贵崩日神山坐落于墨脱南部的仰桑河畔，山高接天，云雾缭绕，巍巍壮观。山下有块鸟形巨石，名叫甲琼勒（大鹏金翅鸟圣地），传说在某个神圣的时刻，大鹏金翅鸟将发出惊天动地的鸣叫，巨石下的神门便会自动打开，那时人们进入神门，坐牛皮船渡过神湖，到达幸福的彼岸。其他两座神山，据说是宁玛派僧人钦林巴父子开辟的。

约在公元8世纪，佛教从朱隅（不丹）和错那两个主要渠道传入门隅。藏传佛教宁玛派历史悠久，传播最广，影响最大，在门隅和墨脱曾掀起了大兴寺院之风，一座座寺庙相继建立起来，一批批从事佛教活动的僧人应运而生。至西藏民主改革前，地处偏僻、交通极为不便的墨脱已有寺院及经堂40余座，僧人300多人。其中较为著名的寺院有：仁青崩寺、罗邦寺、德尔贡寺、格林寺、巴尔贡寺、马尔崩寺等。

由于独特的地理环境，珞巴族人和门巴族人原始宗教祭礼习俗及其文化形态，特别是生殖崇拜及其祭祀与文化遗存至今还保留得比较完好。

具体而言，珞巴族更信奉原始宗教，它有着丰富的内容和多种崇拜形式。在珞巴族的原始宗教里，自然崇拜和鬼魂崇拜占有重要的地位。珞巴族的宗教信仰主要有：天体崇拜、土地崇拜、树木和水火崇拜、鬼魂崇拜等形态。巫师主要有全由男子充当的"米吉"和"纽布"两种。人们认为，"纽布"有较高的法术，能主持复杂的仪式，"米吉"所能举行的宗教活动，"纽布"都能举行，但"米吉"不能胜任纽布的工作，因此，"纽布"的地位高于"米吉"。

门巴族的信仰核心是苯教，即"苯波"，这是汉文对藏语的音译。这是我国藏族、门巴族以及某些受藏族文化影响的民族信仰的一种宗教，远在佛教传入西藏以前，苯教就已有久远的历史了。门巴族的苯教，还保留着古老原始的色彩，并带有明显的地区特色。

【调查资料】

门巴族的巫和巫术

翻译、整理：冀文正
采录时间：1956年5月17日
采录地点：墨脱宗布姆村

　　巫和巫术在西藏墨脱门巴族中颇为盛行。巫有两种，一种叫"登龙坎"，意为送鬼者；另一种叫"包俄"，也就是降神人。他们的名字不同、叫法各异，但都被认为是能通鬼神、卜吉凶、治病痛的非凡人物。门巴族人得病，往往认为是妖魔鬼怪作祟，摄走了病人的灵魂，便将巫师请到家里，求他们从鬼怪那里找回病人的灵魂。"登龙坎"进屋后，首先要进行占卜，将一些大米撒在水盆里，看看米粒的形状以判断是什么鬼物作祟，需要杀什么样的家禽、家畜进行赎取，才能使病人灵魂重新附体。病人家要按"登龙坎"的吩咐，宰杀一定数量的牲畜，用大锅煮熟预备好。

　　"登龙坎"往往选择在病人家门外或河边草地举行仪式，赎取病人的灵魂，时间以下午或黄昏最为恰当。病人家把各种供品如大米饭、蔬菜、肉类等放在木板上，"登龙坎"便开始高声念经诵咒，呼喊各种神灵的名字，一边呼喊，一边抛撒大米饭、菜蔬和肉块，请求神灵相助，解救被鬼怪带走的病人灵魂。稍过片刻，"登龙坎"要派出他的助手和病人亲属一起到附近森林里去砍一些树枝，如果在树枝上发现一种被称为"水布"的白虫子（即命虫），便用棉花将白虫子包好放进病人的发辫里，说明他（她）走失的灵魂已经找了回来，病也将痊愈。如果砍下的树枝上没有"水布"白虫，还要继续供奉神灵和诵经念咒，直到在树枝上找到白虫子为止。比之"登龙坎"，"包俄"是层次较高的巫。相传"登龙坎"只能对付鬼，而"包俄"可以通神。他们往往能让神灵附体，因而成为神的代言人，向人预言吉凶祸福，为人驱邪送祟、治疗疾病。当一门巴家庭因有人生病而请求"包俄"降神时，也得准备好大米饭、酒、鸡蛋、花布、糟粑团等。"包俄"先喝酒，再吃饭，酒足饭饱，然后穿上神袍，进行降神仪式。"包俄"呼喊着神的名字，他的助手赶紧添酒、添水或者抛撒米饭供神们享用。"包俄"还把芭蕉叶包好的掺有血和酒的饭团抛向门外。如果打开后芭蕉叶上没有粘血、酒和饭粒，病人将会好转；反之病人的病便好坏难分，"包俄"还要继续请神作法。降神结束，"包俄"的助手在病人门前插两根树枝，表示禁止外人进入，以防带来鬼怪，威胁病人安全。

"包俄"栽插的两根树枝叫"纳都欣"，即"忌讳树"。这也是一种常见习俗，举凡狗、牛生崽，人患病，都要插"纳都欣"。

所谓"纳都欣"，即刚砍下的新鲜树枝，拳头粗，一米多长，一般置于事主楼梯旁边，让人一目了然。插了"纳都欣"的家庭，三天内，外村人不准进入，但本村人不受限制。

【照片档案 117】

【照片档案 117】

图片说明：帮辛地区门巴族祈求丰收仪式
拍摄时间：1955 年 6 月
拍摄地点：帮辛地区

【照片口述】

  珞巴族和门巴族都是以农为主、兼务狩猎的民族，因此，他们十分重视农业生产，对农业生产的各个环节相当重视，如选种、播种、管理、收获等，认真得很。在农业生产的开始至抽穗、扬花阶段，要进行多次祈求风调雨顺的祭祀活动，如开播时在块块地头栽插桤木做的男性生殖器，一般是一排长的 6 块木板。此外，人们会在丰收之前举办望果节等活动，祈求丰产丰收。

【背景资料】

  丰产巫术或丰产崇拜，是原始宗教的一个信仰核心。一般认为这是母系社会信仰的遗留。丰产巫术广泛地存在于史前时期人类的社会生活和精神生活之中，是史前时期人类的主要社会意识形态。

  门巴族、珞巴族都崇拜土地，可表现在农业中的选地、开垦、播种、除草、收割和粮食归仓等各个生产环节的祭祀上。如珞巴的巴达姆、民荣部落人，在开垦土地时，要举行"莫潘"仪式。届时，村中老人收集一些竹竿，栽插在地上，四周用树枝围起来，上挂一个藤筐，筐里装些土和树叶，表示收获的谷物。接着在竹竿附近杀猪致祭，把猪血洒在藤筐上；开垦土地结束后，要举行"阿兰"仪式；播种结束，耕地围上防止牲口进入的围栏后，选定日子，过"埃托节"；到除草时，又要举行一种称作"鲁内梭隆"的仪式。在农业遇到自然灾害时，珞巴的崩尼人会在地中央设一祭台，请巫师举行仪式，杀牲致祭，祈求管理土地的女"乌佑"帮助。

【照片档案118】

图片说明：帮辛地区门巴族祈求丰收仪式

拍摄时间：1955年6月

拍摄地点：帮辛地区

【照片口述】

　　祈求丰收，除栽插"男性生殖器"外，还有多种方法和形式，如动土、播种（插秧）、拔草、收割时都以白酒敬祈地神、粮神。珞巴族和门巴族以农业为主，因此，相当重视农业，除祭祀活动外，很注意品种和管理活动。当然，门巴族的"冲果"（望果节）每年要进行一次，个别村庄还有进行两次的，播种开始和收割前各一次。

　　珞巴族祭祀土地和森林，这是进入原始农耕阶段的自然崇拜的主要内容。米新巴部落认为，土地、树木、庄稼属"阿尼阿木"神统管，他能主宰年景的丰歉，因此，凡砍树、翻土、播种、除草、收割、开仓等活动，都要杀鸡看肝，择选吉日，杀牲祭祀。米古巴和米新巴人每年二月以村为单位集体举行祭地仪式，在村外庄稼地多的方向搭一间草棚，杀牛祭献地神，祈求丰收。第二天不准进入本村所有土地，第三天开始砍树、翻土等农事活动。博嘎尔人祈求丰收的"德勒冷达"仪式是在种植主要农作物的地中央搭一祭台，供以粮、酒、肉祭品和公、母鸡各一只置于两边。民荣等10余个部落若遇暴雨成灾时，会举行"江达"仪式，将一只白鸡装入竹笼里，挂于树顶。

【照片档案119】

图片说明：墨脱县墨脱神树旁的经幡
拍摄时间：1965年3月
拍摄地点：墨脱县墨脱村

【照片口述】

  墨脱神树受人尊重，人们经常祭祀，向它敬酒、饭，围着它转圈，跳舞，祈求庇护，祈求富裕平安、五谷丰登。

【背景资料】

  珞巴族人实行刀耕火种，与森林有着密切关系，因而对树木也有一定的崇拜仪式。在他们的观念里，开荒要选择吉日，如在伐木开荒后患病或死亡，认为是树鸟佑作祟所致，必须请巫师杀牲赎罪。崩尼人患病或死亡时，如占卜确定是辛热树的精灵所害，村民就手执武器，包围一片树林，逐步紧缩包围圈，最后选定一棵形状奇异的辛热树，将其砍掉，树干劈成块状，连树上的昆虫也全部消灭，以示镇压，并举行一种称为"塔木巴"的仪式。

  珞巴族人对树木亦有一定的崇拜仪式。他们把辛热树和辛光树当作神树，禁止触动和砍伐，如违反禁忌而招致疾病时，就要在树干上缠上白鸡毛，树枝上挂上羊毛，祈求树神宽恕。米古巴人认为，凡笔直向上，然后分开三杈的树，该树有神灵，不能触动和砍伐，否则会招致不幸。[1]

---

[1] 张公瑾，等：《中国各民族原始宗教资料集成：傣族卷、哈尼族卷、景颇族卷、孟－高棉语族群体卷、普米族卷、珞巴族卷、阿昌族卷》，中国社会科学出版社1999年版，第688页。

【照片档案 120】

图片说明：门巴族煨桑
拍摄时间：1988 年 8 月
拍摄地点：墨脱县卡布村

【照片口述】

　　门巴族煨桑时，先将一大捆柏树枝放在煨桑台上，然后一边点火，祭司一边口念祈祷词，再将干净的原料倒在慢慢燃烧的柏树枝上，使其产生更多的桑烟。

　　卡布村门巴族祭司达娃受人尊重，村内的祭祀活动都请他主持。他不收礼，活动全为义务。他是我的知己，比我大 9 岁，我俩关系融洽。

【照片档案 121】

图片说明：门巴族信仰藏传佛教，在举行宗教仪式布置道场时，都有煨桑烟祭、高呼神灵保佑的风俗

拍摄时间：1988 年 8 月

拍摄地点：墨脱县亚让村

【照片口述】

　　祭司在进行煨桑烟祭时，还要栽插 5 根 5 米长的碗粗木桩，上挂白布、白粗绸，有的还印有藏文。祭司说，这是敬献神灵，祭祀逝者，告慰生者的。

　　进行这项活动时，参加者相当认真严肃：不准开玩笑、说笑话，不准放响屁，不准小孩打闹，更不准吵架滋事，说话声音要低，走路要轻手轻脚。

【照片档案122】

图片说明：祭祀的经幡
拍摄时间：1988年8月
拍摄地点：墨脱县背崩村

【照片口述】

　　门巴族煨桑源于藏族传来的习俗，是告于天地诸神的仪式，以烟雾把天和地连在一起。据说，在煨桑过程中燃烧松柏枝所产生的香气，不仅令凡人有清香舒适感，而且使山神的殿堂也产生芳香，山神闻到也会因此感到高兴快乐。

　　图为背崩村祭司益西在完成祭祀活动后栽插的经幡。它的意义在于祈求安康幸福。

　　在当地，个别富裕户经常栽插经幡，这也是富裕的象征。当然，丧葬仪式中栽竖一根经幡，也是不可缺少的。

　　经幡上印有藏文，均是藏传佛教的"六字真言"。

【照片档案 123】

图片说明：门巴族祭祀土地神

拍摄时间：1988 年 8 月

拍摄地点：墨脱县江久村

（海拔 780 米）

【照片口述】

门巴族最早信仰苯教，后来转而信仰藏传佛教宁玛派，但也保留着苯教的神祇、礼俗和仪轨，具有鲜明的民族性与地域性。

农民看重土地，这是他们赖以生存的根基，因此，他们十分敬重土地神，一般一年必须要祭祀地神一次。我发现有的村落祭祀两次，甚至还有三次的。这充分说明他们希望地神保佑他们年年丰产丰收，人丁兴旺，健康长寿。

【照片档案 124】

图片说明：门巴族辟谣仪式

拍摄时间：1991 年 10 月

拍摄地点：墨脱县巴登村

【照片口述】

门巴族人说"闲言""谣言"来自"卡让欣"。批（辟）谣的办法是射鸡蛋，这还有辟邪的作用。

在一个直径 50 厘米的圆形竹排中间置放一个鸡蛋和一个小型木质男性生殖器，射手于 5 米远外用箭射去，共射击 3 次，鸡蛋被击中，说明谣言、坏话已被清除掉了；若 3 次都没击中，说明闲言、坏话还在附身，言行更要十分小心谨慎。

【调查资料】

门巴巫术实录

讲述人：门巴族"巴姆"仓拉（女）
翻译、整理：冀文正
采录时间：1956年9月
采录地点：波东村

巫术，在门巴族生活中占有重要地位。1956年我目睹过一次别有风趣的巫术活动：波东村"巴姆"仓拉，双肩披红布，打结于胸前。头戴纸糊的高帽，颈挂银链条，或系珍珠、贝壳、海螺等。巫师坐在病人面前，用蕉叶蘸酒洒向空中和地上，所剩之酒一半洒于病人身上，一半自己喝掉。片刻，她闭目，双手搓脸、捂面，手持芭蕉叶、孔雀翎编制的长扇子，边扇边发抖，摇头晃身，浑身颤抖，大声喝道："阿麦！阿麦！拉斯！拉斯！拉斯！"接着，用唱来叙述她去请她"母亲"（主神）所走的路线和过程，仅唱词就占了半天时间，重复三遍才算虔诚、奏效。事后她对我讲了她唱词中所走过的13条路线，其中还到了太行山。

她说她在母亲白度母处知道了××患病的病因和必须杀猪祭祀的方法。唱词中有一小段是这样的："几个姐姐都不告诉××的灵魂被谁抓走了。我飞到了白度母的宫殿，我母亲也参加了寿宴，护法师也在场，还有成百上千的神灵。我说明来意后，母亲告诉我是白度母的一个用人抓走了××的灵魂。我令他快快送还了灵魂，他们饭饱酒足后返回神域了，我也飞回来了。"唱毕，她喃喃地说："今天诸神集中到这里，这么丰盛的食物，是××的心意，你们放回了灵魂也就对了。"之后，她以神的口吻说："放魂要付命价的。"经过讨价还价，要杀一头大猪，话音刚落，主人将早已准备好的猪肉分成九份，分别送给神、巫师和陪伴者。接着主人砍回三根粗树枝，在簸箕里抖动，若出现了白蜘蛛，说明魂已招回，已附病体，将很快痊愈的；若头次没有发现蜘蛛，允许连续再砍两次树枝，直至找到蜘蛛为止。这时，巫师双手捧肉对天说："这是给你的命价，灵魂已经回来。"

整个过程中，巫师边说边舞，边撒粮食边发抖，累得满身是汗，还不时往病人口中滴冷水。巫师问了许多隐私，病者都如实回答了。这场巫术进行了一天。主人献给神的一份肉归巫师所有，另外再给巫师一份肉食（约三公斤）和十升大米作为报酬。

事后巫师对我说，门巴族人很敬慕她。巫术对于信仰与崇拜万物有灵、灵魂不死的门巴族来说，具有迷人的魅力。

【口述文献】

珞巴族的"米吉"和"纽布"

讲述人：珞巴族"米吉"央乃（女）
翻译、整理：冀文正
采录时间：1955 年 7 月
采录地点：墨脱宗达木村

我 20 世纪五六十年代在墨脱工作期间，接触到一些珞巴族的宗教信仰，现作以下简单介绍。

珞巴族相信万物有灵、灵魂不死。对于人的吉凶福祸和生产的丰歉等认为都受神鬼支配。无论婚丧嫁娶、造房外出、种地打猎等，都请卜卦师"米吉"杀鸡看肝，或请既会卜卦又会祭神驱鬼的"纽布"念经、算卦、杀牲禳除，驱鬼消灾。

"米吉"和"纽布"有传人，但没有祖传和世袭的。一般是曾经患重病痊愈后的人，向老"米吉""纽布"学卜卦、跳鬼，成为"接班人"，人们说这种人鬼魂已附其身了。"米吉"多由女性担任，"纽布"男女均可。

"米吉"和"纽布"们虽也从事农业、副业生产，但更多的时间是进行卜卦活动。人若患病，他们先要算鸡肝卦，以判明是什么鬼在作祟、鬼在什么方向、需要杀什么样的牲畜、举行什么样的仪式，而后按卦办理。

卜卦主要是杀鸡看肝。卜卦前，"米吉"头戴纸糊的高帽，帽上画有非人非鬼的八大怪，帽的两侧有两只纸做的大耳朵，帽檐垂吊三至五条长至腰部的五色树籽做的串珠。鸡肝有大小两片，"米吉"从鸡肝上的纹路走向和清晰度判断要回答的问题。若出远门，纹路透明才算吉利。若是打猎，纹路要从左弯向右，方能收获。若肝纹不清，只有血圈，则事事不会如意。米新巴部落的"米吉"亚勒告诉我，一只鸡只能回答一个问题，有时两只鸡才能确定一个问题。有一次，她为安布卜卦，杀了8只鸡才找到答案。她对我解释说："汉族和藏族有解答不了的难题，可看文字，我们没有文字，只好杀鸡看肝了。"

"纽布"跳鬼时，身穿土布长褂，底部边缘有许多絮子，左手拿一个铜铃，右手拿一个鼓槌，面前放一个小鼓。摇铃击鼓念咒经，咒词随念随编，没有固定的词句。他们念一会儿起来跳一会儿，手持砍刀，在病人上方边挥刀砍鬼，边向病人吹气，边向病人身上撒玉米粒。还要杀只鸡放在病人身旁，念咒跳鬼完毕，把鸡扔出屋外，说病鬼已随鸡走了，病人的魂已经招回来了，病人很快就会转危为安的。

我的珞巴族知己达萨之妻央乃是个"米吉"，她从事这一行已经40多年了，受人尊重，做完卜卦活动后能得到诸如铁质弯刀、衣料等报酬，因此经济收入较好，生活水平在村里属上等。她向我介绍了施展巫术的全过程：开始时插三根小木棍在地上，在上边撒几粒玉米，手中拿着鸡，口中喃喃自语："哪个鬼使人生病，请来肝上吧！"接着让病人把鸡杀死，"米吉"拿鸡在小木棍上绕三圈，开膛取肝，用一木棍插入肝中，用清水冲洗，"米吉"和大家观看肝上的纹路。如果肝上有直纹或横纹，就表示不吉利，还要再杀，一直到肝上没有纹路才停止。"米吉"把这只鸡拿到病人面前吹三下，把鸡肝收藏起来。"米吉"不停地同鬼"对话"，问鬼是要猪还是牛。如果鬼说要猪，并且第二天病人病情减轻了，就杀猪祭祀。如果病情没有好转，巫师就看鸡肝，断定鬼在什么地方、有几个鬼，再杀牛祭祀。因此，一个穷苦家庭若有人生了重病，往往负债累累。

"米吉"除为病人祛鬼治病、为死者祈祷外，还要主持氏族或村寨的祭祀和神判等各种活动。"纽布"除运用祈祷巫术为人治病外，更多的是进行驱赶巫术和模拟巫术。这两种巫术常常用在特定的送魂仪式上。在珞巴族中，凡家人被杀或是杀害他人，甚至无意猎杀了虎、豹、野牛、水獭、蛇等图腾动物，都要举行相应的送魂仪式，"纽布"施以巫术将其驱逐，或是制作偶像施以巫术，以示镇压。人们相信，这样才能使家人平安，不然就会遭到鬼魂报复。

【口头传统】（珞巴族驱鬼词）

珞巴族驱鬼词

收集、整理：冀文正

我不是驱赶我的护身符，
我不是驱赶家神、灶神和山寨神，
我不是驱赶降福神。
我是要拴住鬼怪的闲言，
我是要拴住造成一切不和的根子——鬼怪。
我今天拴住你、扔掉你、驱赶你，
你不得在家里作祟、得逞。
天上的鬼，
地上的鬼，
山上水里的鬼，
统统赶出家门，
才会安宁。
快滚，快滚，快快滚！人群里的闲言，
村庄里的闲言，
都是鬼怪造成的，
人的灾难也不例外。
今日射箭消除，
射进你的五脏，
永远不得作孽，
永远不能得逞。

【调查资料】

珞巴族鸡肝卜卦

翻译、整理：冀文正
采录时间：1962 年 11 月 10 日
采录地点：墨脱县布根村

  聚居在喜马拉雅山东段的博嘎尔珞巴族，至今还保留着杀鸡取肝进行占卜的习俗。家中有人生病，须请占卜师（"米吉"）上门。占卜师逮住一只鸡，口中念念有词："什么鬼带来什么病，请在鸡肝上显现吧！"然后让病人或病人的亲属把鸡杀死，占卜师取出肝脏，用水清洗干净，戳在一根小木签上，仔细观察和分析。据说，占卜师根据肝的形状和纹路，可以看出是什么鬼带来的什么病，用什么方法才能驱除。治病时，方法大都是先杀牲口。占卜师依据鸡肝上的显示，提出要杀什么牲口、杀多少牲口来祭祀给患者带来病痛的鬼物。意思是鬼吃了牲口，就不吃人了，人的病也就康复了。

  博嘎尔珞巴族人用鸡肝卜卦，据说是源于一个古老的神话。相传珞巴族的祖先阿布达尼，是一位半人半神的英雄。他额头上长了两只眼睛，以对付前面来的敌人；后脑勺上还有一只眼睛，以对付后面来的敌人。部落里有一个名叫吉波让波的好汉，他是阿布达尼的妻兄，又是阿布达尼的对手，发誓要毁掉阿布达尼的第三只眼睛。有一天，他把阿布达尼骗至一棵高高的树上，在树下插满了尖刺，逼迫阿布达尼将第三只眼睛交出来，不然就摇动树干让他掉落下来被尖刺戳死。阿布达尼毫无办法，只好摘下第三只眼睛给他。随之而落的一根沾着泪珠的睫毛，被赶来援救的妻子吉辛亚明拣着揣在怀里了。吉波让波得到了第三只眼睛，越来越狡猾，进而变成了鬼。阿布达尼失去了第三只眼睛，无法对付暗中的敌人，只能通过祭祀活动，以求得神鬼的护佑。他的睫毛和泪珠，在妻子吉辛亚明的怀里，睫毛变成了鸡，泪珠变成了鸡肝，因此鸡和鸡肝成了人和鬼之间的联系物。凡是鬼给人带来的灾难和疾病，在鸡肝上面便会留下信息。杀鸡看肝，就是源于这样一个古老的传说。

【照片档案 125】

图片说明：珞巴族转神山
拍摄时间：1957年7月
拍摄地点：墨脱宗达木村

【照片口述】

　　达木珞巴民族乡达木村有个卡布达杰神山，所谓神山是指山村东边有处高达百米的悬崖，从村中望去，好似一块参天的石板直竖在天际，甚是雄伟，也令人生畏。站在悬崖下，当你大声呼喊时，它会反射出回声，更让当地民众畏惧。珞巴族老人们说，那里是神灵的居所。故每逢过年过节，当地人都要在此转山祭祀，以求平安吉祥。

【照片档案 126】

图片说明：珞巴族在田边地头栽插男性生殖器祈求人丁兴旺、粮食丰收
拍摄时间：1956 年 10 月
拍摄地点：墨脱宗达木村

【照片口述】

  喜马拉雅山区交通极为不便，当地人劳动强度极大，因此，劳动力成了主要生产资料，人们极度重视劳力。山区生育率高，但死亡率也极高，在生产力极低的情况下，人们极度重视生儿育女，期盼多生多活。通过一些传说，人们产生了生殖崇拜。家家户户门口栽插木质男性生殖器模型，门口棚顶挂一个小的。模型是用桤木制成，含义是多生快生。珞巴族在生产生活的方方面面，都贯穿着生殖崇拜的习俗。

  在 300 多年前，铁器输入珞渝后当地才由母系氏族社会进入父系氏族社会。门巴族和珞巴族都极度崇拜男性生殖器。在当地，湖中的石头、低洼的坑坑仍被认为是女性生殖器，这是母系氏族社会信仰的遗迹。

  门巴族门口、房屋过道都会放置木制的男性生殖器，刀耕火种地块和大片水田都象征性地栽插它，一般将一米长的木头一劈两半栽于田中，有的只插一个，有的成排插放，约有数块，而门口及室内的"卡让欣"每年藏历九月三十日要换新的。

  门巴族、珞巴族都盛行男性生殖器崇拜，认为只有这样才能保证人丁兴旺、消除厄运。

【调查资料】

"卡让欣"（男性生殖器）崇拜

收集、整理：冀文正

  珞巴族居住的珞渝地区，山高、谷深、林密、水急，是一片非常神奇美丽的土地。独特的地理环境中的珞巴族人民也创造和保留了许多富有魅力的古老民情风俗。在采风中，我曾见到古老的生殖崇拜习俗。

  珞巴族人多数住的是竹楼。主室门外有一个竹架，有一个木梯竖于架旁，以独木刻阶为梯，用以上下。木梯的左边斜栽一个一米多长的木制男性生殖器（也有个别人家在木梯左右两边各栽一个木制男性生殖器）。一年换新一次。据说，这样一可避邪，二可人丁兴旺。

  珞巴族有一个人人皆知的传说，在从前的从前，有一对瘫痪的老夫妻，老妇花甲之年才生了一个儿子。幼儿九个月了才一拃长，九岁时不能起立，更不能走动，只有五拃长。老两口去找"木马"（算命者）卜卦，木马说："你儿子中了'米卡'（邪）。"老妇问："那怎么办呢？"木马说："你做个'卡让欣'（男性生殖器）插在门口，儿子就可长高。要祭献九背野牛肉，九葫芦野牛血。如果猎不到野牛，扭角羚的肉和血也可以代替。你今日回去的路上，碰到什么肉就用什么肉。"老两口在回家的路上，碰到一只"崩当巴"（有五种颜色的公鸡）。老人回到家中，按照木马的嘱咐，做了一个"卡让欣"栽在门口，将"崩当巴"的血和毛涂在上边。说来也巧，老人的儿子天天见长，很快会走路了，也下地干活了。第二年第三年，老妇又连生两个胖儿子，长到九岁能上山狩猎。从此，珞巴族人家家户户都在门口插栽"卡让欣"，以祈人丁兴旺。

  高死亡率和极低的人口增长率，使人们只能以增加出生率来求得和扩大人类自身的再生产。这种迫切的需要，导致人类产生了强烈的生殖崇拜文化。同时还说明：在珞巴族父系氏族社会里，男子在生产领域中起着主导作用，因而世系也改由以男系为主，栽插"卡让欣"更显示男性的高贵。

生殖崇拜在生产力低下的社会反映了一个深刻的绝对庄严的社会意志，即作为社会生产力的人的再生产，亦即人口问题。现在，在珞巴族的生活习俗中，原始的生殖崇拜正在逐渐消失，但人们的观念中仍深深地信仰它，在边远山村仍普遍栽插"卡让欣"。

【照片档案 127】

图片说明：珞巴族崇拜男性生殖器模型
拍摄时间：1956 年 10 月
拍摄地点：墨脱宗达木村

【照片口述】

这个"卡让欣"有两米高，栽插在路旁，供行人膜拜。模型简单，具有象征性意义。它很神圣，群众对之很敬畏，外人不能触摸。

【口述文献】

"卡让欣"的制作

讲述人：安布、江措、珞巴村
翻译、整理：冀文正
采录时间：1956年10月
采录地点：墨脱宗卡布村

做"卡让欣"只能用质地松软的、燃烧时发出噼里啪啦响的"卡拉果巴"树（即桤树）。据珞巴族人讲，这种树生长快，五年能长成人腰粗。用这种吉祥树，有多生、快生后代的含义。

每年的珞历九月二十九日这一天，家长请村内、氏族内有威望的"居巴"制作。居巴将直径二撮合拢的"卡拉果巴"剥皮，刮得光光的，不留一点节疤。将木棍的一头用腰刀削成男性生殖器龟头状。居巴将做成的"卡让欣"放在干净的藤簸箕里，将稻谷、玉米、鸡爪谷、小米、黄豆、芝麻、荞麦、青稞和小麦九种粮食，一把一把反复地撒在上面，边撒边说："祈你保佑家人平安、人丁兴旺。"要反复说三遍，然后将九种混合粮用黑布包住，用红黄蓝白黑五色线扎住布口，拴在其上，连射九箭，说一句射一箭："你到上村乱说，你到下村乱说，都坏在你身上。"周围直插三根竹签，上放一个鸡蛋要连射三箭，击中了鸡蛋才停止射箭。然后将它斜栽于木梯的左边，三根竹签头朝外。制作者进屋，用一把刺条在主室、灶台、偏房里打扫完毕放门口，上压三块石头，对天连说三声："请'娘布'（专害妇女的恶鬼）莫入！"

【照片档案 128】

图片说明：珞巴族煨桑，一是祈求战神、凶神、财神、山神、寨神、河神、林神等保佑；二是祈祷大慈大悲的佛祖保佑；三是祝愿自己全家及亲朋好友，今生幸福，来世好运

拍摄时间：1988 年 8 月

拍摄地点：墨脱县卡布村

【口头传统】（祭辞）

卡布山神祭辞

收集、整理：冀文正

气味除，气味除，糌粑味、香草味、酒味、香木味、祭献者的香味齐全了。天神、地神、山神等诸神，都请听清楚：天上的曲果贡堆桑布、朗古土杰钦布、主古德玛居乃、加工久僧人、真钦什居僧人，所有善男信女、鬼神的恩父慈母、鬼神的贤妻贵妇、聪明的少爷公子、美丽的小姐仙女、三只眼的福贵神、隐秘白马岗的所有圣贤、米日的护法神、格林的护法神、卡布的嘎贵赛松、朱拉护法神、达木察雅赛顿，三根祭木上有图画，无画的祭棍有三根，所有这些祭祀您。白龙达是衣服，红龙达是衣服，黄龙达也是衣服，这些祭品献给您。白龙达随风拂动，白龙达像白岩石，人的寿命似山崖；白龙达像流水，人的财源似流水；白龙达像大道，人的福气似长路。邦琼邦琼（珞巴语，一种藤编器皿）食物堆如山，洁白鸡蛋供奉您，煨桑白烟盖蓝天，神宫天际白云罩，煨桑白烟冲半空，宇宙天空白云飘，煨桑白烟铺大地，地宫白云盖龙王，人间大众供奉您，企望得到好福气。我的敬献若不周，敬请谅解别见怪。我献的祭词是心里话，敬请听进和收下。请给人们带来幸福，庇护人们平安、康泰，拥有财气、福气，不使人患病生灾，命运不遭厄运，不生疮致伤，诸事遇险化夷，人人幸福，家家安康。请恩赐以上祀愿，我们还会再次祭献您。

喜马拉雅的艺术之花——门巴、珞巴民族口述影像志：1956—1996

【照片档案 129】

图片说明：地东村的"巴阳僧人"
拍摄时间：1955 年 5 月
拍摄地点：墨脱宗地东村

【照片口述】

　　阳色，男，1921 年生于墨脱宗的萨嘎措，门巴族人。

　　婚后他定居于地东巴阳村，文化程度较高，宗教造诣很深，人称"巴阳僧人"。他待人厚道，热情真诚，深受门巴族群众爱戴。

　　"巴阳僧人"热爱新社会，拥护共产党。他先后将儿子及亲属子女送往内地学习，后来他们都成了建设新西藏的有用之才，如其外甥刀布，曾任林芝地区政协副主席。

171

【照片档案130】

图片说明：墨脱宗背崩乡德尔贡寺
拍摄时间：1955年10月
拍摄地点：墨脱宗背崩乡

【照片口述】

德尔贡寺属于墨脱县第二大寺（第一大寺为仁青崩寺），位于德尔贡山上，海拔1650米。该寺活佛顿顷1957年定居亚东南边的锡金寺。他1952年从工布背来两匹公母马驹，放生在这里，现在已繁殖出十多匹了，变成了野马。

该寺有56名"扎巴"，驻寺12人，主管僧人叫工绕。工绕积极支持我们工作。在寺内生活的刀杰巴桑和白玛拉珍要求参加革命工作，经请示，他们于1956年到内地深造，后来都成了国家干部。

【照片档案 131】

图片说明：墨脱宗巴日根寺门巴族僧人嘎玛斯达，
后任墨脱县民族宗教事务局副局长

拍摄时间：1956 年 3 月

拍摄地点：墨脱宗亚东村

【照片口述】

巴日根寺位于德兴山山沟的一处小平地上，平地背靠南迦巴瓦峰，800 米的深涧下临雅鲁藏布江。寺庙周围有几十棵柏树，据传为建寺时所栽，树龄都当在 500 年左右了。树干直径有一人腰粗，有 20 多窝秃鹫分别栖息在树上。

寺庙虽小，但环境幽静，也有十余间平房。小经堂里诸神（佛像）都有，平时只有三名僧人守寺，每逢重大节日（每年约有 25 次之多），帮忙的人数会增加到二十多人，均是附近村庄的僧人。

门巴族的嘎玛斯达，是巴日根寺的僧人，他是个有名的门巴族祭司。他宗教造诣深，少言寡语，但为人诚实，从不说不友好的话语。

【照片档案 132】

图片说明：墨脱宗巴日根寺门巴族僧人嘎玛斯达

拍摄时间：1956年3月

拍摄地点：墨脱宗

【照片口述】

  巴日根寺属藏传佛教宁玛派，位于当布曹大江西岸的巴日根山上，海拔1600米，凑巧这里是山窝里的一块平地，面积约有40亩地大。寺庙只有12间房，经堂有50平方米。"扎巴"52人，驻寺仅8人，其余分居各人家中，寺庙有定期活动时赴寺活动。寺庙也收布施，但财产不多。寺庙周围有18棵腰粗的柏树，据说都有500多岁的树龄了。这里冬暖夏凉，宁静得很，与世无争，不是仙境，胜似仙境，真是世外桃源。

【照片档案 133】

图片说明：汉门一家亲
拍摄时间：1988 年 10 月
拍摄地点：林芝县

【照片口述】

　　1988年10月，我参观了布久桑多白日寺，并同寺庙主持曲尼（门巴族）、林芝地区民族宗教事务局局长罗布次仁一同合影留念。

【照片档案 134】

图片说明：德尔贡寺僧人在上
　　　　　村修建的玻璃凉亭
拍摄时间：1956 年 7 月
拍摄地点：墨脱宗背崩乡

【照片档案 135】

图片说明：到德尔贡寺朝拜的老人
拍摄时间：1991 年 8 月
拍摄地点：墨脱县背崩乡

【照片口述】

德尔贡寺位于德尔贡山上，海拔高，夏季很凉爽，与山下低海拔河谷热气袭人的准热带气候形成了鲜明对比。因此，夏季，许多朝圣者都愿来此避暑。

在上村，聪明的曲尼在此还修建了一间玻璃凉亭，有 15 平方米，供人们休息避暑。

此处距非法的"麦克马洪浅"上印军据点"果尤拉"直线距离约 2000 米，印军不时派人越线进行骚扰，但我方边民警惕性很高，会及时报告并阻止。这些边民用实际行动保卫了国防，他们的贡献值得铭记。

【照片档案 136】

图片说明：门巴族人在林芝修建的喇嘛岭寺

拍摄时间：1996 年 10 月

拍摄地点：林芝县

【照片口述】

  在林芝县布久乡有一座寺庙叫喇嘛岭寺，也叫布久桑多白日寺，意为"不动铜色吉祥山"，是墨脱县德尔贡寺的翻版。门巴族曲尼祭司依照长辈的遗志，在林芝县重修了这座寺庙，仅仅小于德尔贡原寺，形状、结构完全相同。

  曲尼向我介绍说,这种寺庙在中国台湾有一座,新加坡也有一座,中国西藏其他地方也有一座,世上共有四座与德尔贡寺完全相同的寺庙。他向我介绍了这种寺庙不同于其他寺庙的20多处地方,很有研究意义,价值不小。

【背景资料】

  喇嘛岭寺,位于西藏林芝市林芝县布久乡简切村,306省道旁。距离县城八一镇有30多千米。该寺院又称布久桑多白日寺,意为"不动铜色吉祥山"。

  喇嘛岭寺是一座家传的寺庙,由宁玛派活佛顿顷扎益西多吉在20世纪30年代创建。在1950年的大地震中,喇嘛岭寺被毁。1987年,曲尼(顿顷扎益西多吉的女婿)和夫人德庆带领着当地群众共同重建寺庙。

  寺庙主供宁玛派祖师莲花生大师塑像,经堂供释迦牟尼塑像。寺内还有莲花生的石足印,寺内精美的壁画也堪称藏东一绝。原西藏社会科学院院长、藏学专家平措次仁和著名藏学家恰白·次旦平措认为,藏传佛教寺院供奉生殖器,与西藏原始宗教——苯教有很大关系,后来兴盛的藏传佛教宁玛派吸收了苯教的有些教义,将铜、木制的男性生殖器供奉在寺院,以象征避邪、镇伏妖魔之意。但男女生殖器同时供奉,唯有喇嘛岭寺。

【照片档案 137】

图片说明：派镇风光
拍摄时间：2011 年 9 月
拍摄地点：米林县派镇

【照片口述】

派镇是古时进入墨脱的交通要道之一。受藏传佛教的影响，其境内有多座寺院拉康。图中的山脊上插满了祈福的经幡。

【照片档案 138】

图片说明：仁青崩寺
拍摄时间：2006 年 10 月
拍摄地点：墨脱县仁青崩寺

【照片口述】

仁青崩寺位于墨脱镇墨脱村南则玛拉山上，是墨脱最大的寺院。寺院内外景色优美，鲜花将这里装扮得古朴而典雅。

【照片档案139】

图片说明：藏传佛教白塔与经幡
拍摄时间：2006年10月
拍摄地点：墨脱县

【照片口述】

藏传佛教如今也是门巴族、珞巴族的信仰之一，在墨脱县，相关的宗教设施随处可见。

【照片档案140】

图片说明：墨脱县的经幡塔
拍摄时间：2006年10月
拍摄地点：墨脱县

【照片口述】

在西藏地区也包括墨脱，经幡都称"达觉"，也叫"嘛呢"，为五佛的五种颜色，上有符咒、祈祷词和吉祥符号，是用木制雕版印刷在方形布之上。

喜马拉雅的艺术之花——门巴、珞巴民族口述影像志：1956—1996

【照片档案 141】

图片说明：墨脱县地东村门巴族"鬼人"白玛旦达（右）同扎西合影
拍摄时间：1962 年 7 月
拍摄地点：墨脱县地东村

【照片口述】

　　墨脱盛传"防毒""鬼人"等天方夜谭的传说，诬陷了多少善良的人们。降神驱鬼是门巴族人生病后的主要祭祀方式。那么，"鬼"从何来？门巴族有个传说。朱隅王（不丹王）有户奴仆，家有老头阿旺纳杰，老婆桑吉拉姆和傻女儿永米。他们是专门为国王喂马养牛的，每天天不亮就上山，天黑了才准回来，吃不饱，穿不暖，不堪忍受国王的奴役，在一次被王子无故鞭打致伤后，一气之下他们上吊死了，变成"马莫"怨死鬼。从此，人们生了病，就认为是这三个鬼作祟，要杀猪、杀鸡祭神送鬼。

有"鬼"就随之产生了"鬼人"。"鬼人"的来源有三：一个说法是"鬼魂"依附在人身上，这个人就变成了"鬼人"；二说在猴子变人的时候，有少数人是熊变的，这种由熊变成的人就是"鬼人"；三说焚烧某人尸体后，骨头全为黑色，此人便是世代相传的"鬼人"。"鬼人"家庭的社会地位极为低下，最受歧视。谁肚子疼，哪个头发昏，有人不舒服，谁人不饮食，就认为是"鬼人"在作怪、念咒造成的。到了晚上，病人家就把饭和蛋扔到"鬼人"房边，悄悄说："××（'鬼人'的名字），你吃吧，我给你送来了食物，你不要让我病下去了。""鬼人"精神上受到极大的压抑，忍受这种极大的歧视和舆论的污蔑。在正常社交活动中，一般群众对"鬼人"都是有歧视而且存有戒心的。

我20世纪50年代在地东村蹲点三年，该村43户中有4户所谓"鬼人"家庭。我常去他们家做客，吃饭饮酒，亲如家人。我们的知己朋友和工作骨干都感到惊奇。我们通过耐心解释和诱导，提高了他们的政策观念和政治觉悟，尊重、信任所谓的"鬼人"，大大缓和了群众同"鬼人"的矛盾，纠纷少了，气氛融洽了。我们还有意识地将"鬼人"白玛旦达介绍给我军情报参谋旺杰。解放军同"鬼人"结婚被传为佳话。一般来说，"鬼人"要结婚是困难的。有女不嫁"鬼人"家，有子不娶"鬼人"家的女，这是传统规矩。"鬼人"家庭只能与"鬼人"家庭联姻。但也有冲破习俗偏见的，多措姆看中"鬼人"民珠后，社会舆论给他们极大的压力和百般的阻挠，但他们终于结了婚而且相处很和睦。他们以实际行动破除了所谓"鬼人"的迷信。"鬼人"同巫师们矛盾不小。在巫师们使用多种巫术仍治愈不了疾病后，他们便把视线转向"鬼人"了，说××久病不愈，不是鬼神勾走了灵魂，而是××"鬼人"在背后念咒经造成的。我在墨脱县工作16年，亲自处理过这种纠纷不下20起。这些疾病经过医生检查、会诊，多为慢性病。

图中的两人以后都参加了工作，白玛旦达在米林县委工作，现定居八一镇；扎西在拉萨市人民医院工作。

喜马拉雅的艺术之花——门巴、珞巴民族口述影像志：1956—1996

【照片档案 142】

图片说明：墨脱县地东村"鬼人"白玛旦达的妹妹手捧一个油瓜
拍摄时间：1962 年 7 月
拍摄地点：墨脱县地东村

【照片口述】

　　这种油瓜叫"特夏"，重五斤左右，皮厚，肉多、细嫩，盛产于原始森林，一棵树可结 20 多个果实，均为野生。这种油瓜含糖量高达 70% 以上，胜似蜂蜜。

　　"特夏"适宜种植，当地可以大量栽种，以发展特色种植业，造福人民。

【照片档案 143】

图片说明：金珠宗藏族群众阅读《人民画报》（藏文版）

拍摄时间：1955 年 10 月

拍摄地点：金珠宗

【照片口述】

　　边疆人民喜欢解放军，拥护解放军，称人民军队为"菩萨兵""新汉人"。他们将我们赠送给他们的画报、宣传品视为珍宝，人人争看。

　　这期藏文《人民画报》封面是当时的十八军军长张国华进军西藏路过康定时，受到广大藏族僧俗人民热烈欢迎的图片。

【照片档案 144】

图片说明：背崩村门巴族女歌手措姆

拍摄时间：1956 年 5 月

拍摄地点：墨脱宗背崩村

【照片口述】

在我搜集的 700 多首歌谣中，情歌占二分之一，余下多为时政歌、酒歌和劳动歌。这里刊出几首情歌：

> 黑布样的森林无边，黄金似的稻谷遍地。
> 这蝶飞蝉叫的地方，有我最思念的姑娘。

> 小鹿卧在草滩，青草瑟瑟抖颤。
> 请你不必担心，微风故意试探。

> 望果节的那天，悄悄到你身边。
> 多想和你搭话，你却含笑不言。

> 我假装狩猎山冈上，你假装背柴上山冈。
> 多嘴多舌的鹦鹉呀，别把密约到处传扬。

【背景资料】

"萨玛酒歌"和民间古典情歌是在门巴族中广泛流行的两种抒情民歌。萨玛流行于门隅地区，多用于节日、酒会、婚礼、远行和生产中，歌词生动，曲调欢快高昂。酒歌多为七字或九字构成一句，诗节无定数，常用比喻、渲染和夸张的手法，给人以奔放的感觉。萨玛酒歌传说最早是由一位名叫"拉不热"的人创作的，他唱了一辈子歌，把欢乐传给了人们，最后他坐化成佛，他是门巴族传说中的歌神。

在丰富的古典情歌中，大部分主要表达对爱情的忠贞、向往和追求。这类作品反映出门巴人民纯朴的道德品质，也有反映对有权有势者强娶豪夺女性的愤怒，从而暴露不合理的现实。有些情歌是抒发爱情悲剧的苦闷和忧伤。情歌触及社会现实的各个方面。情歌都是六言三顿，多是四行一首，曲调固定，填词歌唱。有的前两句一韵，后二句换韵。多用比兴手法，形象鲜明，有强烈的艺术感染力，容易引起听众的共鸣。[1]

---

1 张江华：《门巴族》，民族出版社 1997 年版，第 27 页。

【口头传统】（珞巴族民歌）

珞巴族情歌摘选

收集、翻译：冀文正

种谷一天腰酸，想起表妹心欢。
先盼太阳快落，再盼月亮出山。

傍晚去会情人，大水把路隔断。
任你白浪滔滔，我俩约会不变。

白色的公鸡啊，请你晚点啼叫，
我和情人央拉，话儿还没说了。

鞍和马背中间，隔着绸布毡垫；
我和情人中间，隔着害羞语言。

那天见你一面，夜夜思念难眠。
若能变对情鸟，你我比翼蓝天。

日月虽远常见，你我同村难见。
写信不曾识字，捎话又怕闲言。

拜佛求神多年，病魔缠身不散；
情人来到眼前，病魔即刻逃窜。

天上圆圆的月亮，请不要走向西方。
我要和情人相会，想借用你的银光。

【口头传统】(门巴族民歌)

门巴族情歌摘选

收集、翻译：冀文正

在东方的山顶上，巴夏※巴夏在飘动。
我的心快等碎了，山路为何这样长？
　　※"巴夏"为门巴语，意为藤帽。

青青的神柏往上长，树下的阴凉留给谁？
红红的达玛※达玛，散出的芳香为了谁？
　　※"达玛"为门巴语，意为野杜鹃花。

地上开满了鲜花，天空镶满了星星，
要好，我们这样好下去，不好，不要星星不要花。

头和藤帽中间，隔着珍贵的巴珠※巴珠；
　鞍和马背中间，隔着层层的毡垫；
　我和情人中间，隔着害羞的语言。
　　※"巴珠"为门巴语，意为头饰的总称。

莫管河水深浅，且看鱼儿多少；
莫管她的容颜，且看是否心善。

烈性骏马恋草原，水草丰茂天地宽。
男子汉不怕闲言，选情人浑身是胆。

【照片档案 145】

图片说明：金珠宗节日期间
　　　　　门巴族群众表演
　　　　　藏戏
拍摄时间：1956 年 10 月
拍摄地点：金珠宗格当村

【照片口述】

措姆是个歌手，不会演戏，但她模仿拉萨藏戏演员的动作常引得群众称赞。金珠宗的藏族同胞来自昌都恩达、类乌齐等县。藏族文化艺术也融入当地，深受各族人民喜爱。藏戏、藏族舞蹈与藏族歌谣、谚语等，也在门巴族与珞巴族社会中流行。

金珠宗节日期间门巴族群众表演京戏、藏戏。这是多元的文化融合，也见证了各民族的团结，体现了"五十六个民族一家亲"的精神。

【照片档案 146】

图片说明：金珠宗节日期间
　　　　　门巴族群众表演
　　　　　京戏
拍摄时间：1956 年 10 月
拍摄地点：金珠宗格当村

【照片档案 147】

图片说明：门巴族有名的歌手仁珍

拍摄时间：1956 年 5 月

拍摄地点：墨脱宗地东村

【照片口述】

　　仁珍是当地有名的歌手，她演唱的门巴族民歌，歌词浅显而富哲理，多用大众常见的事与物作喻体，形象而生动，具有浓郁的生活气息。例如：

　　　　　　　　不能轻看个子小，蝙蝠智胜大鹏鸟。
　　　　　　　　青蛙虽小头衔大，它是龙宫少年豪。

　　　　　　　　话不多说三句，真情假意分不清；
　　　　　　　　雷公不声张，夏天冬天分不清。

喜马拉雅的艺术之花——门巴、珞巴民族口述影像志：1956—1996

【照片档案 148】

图片说明：珞巴族老人给儿童讲故事
拍摄时间：1982 年 12 月
拍摄地点：墨脱县达木珞巴民族乡达木村

【照片口述】

　　珞巴族没有文字，因此，特别重视口头传承。珞巴年节有五天的节庆时间，是老人向青少年们讲授传统和民间文学的时间。每到这时，老人讲授认真，娃们听得认真。珞巴族浩如烟海的民间文化就是这样代代传承下来的。

　　珞巴族每年过三个年，初一至初五的晚上，在"吉康""德仁"（公房，民众议事厅）或在村里大树下，点燃篝火，全村儿童围火而坐，由村内德高望重的长辈讲传统，讲习俗，讲故事。一些优秀的美德，如尊老爱幼、勤俭爱家的传统就是这样传承下来的。长辈还讲民间优秀文学，如神话传说《上等地》《白蛇公主》等。

【照片档案 149】

图片说明：冀文正听门巴族老大爷普布刀杰讲民间故事
拍摄时间：1991 年 8 月
拍摄地点：墨脱县墨脱村

【照片口述】

　　门巴族没有文字，只有语言，因此，群众相当重视口头传承，人人都会唱许多民歌，个个都会讲不少传说故事。我的老朋友墨脱村普布刀杰在许多年里，向我讲述了大量门巴族民间故事。

【照片档案 150】

图片说明：墨脱县当地干部
　　　　　同普布刀杰交谈
拍摄时间：1991 年 8 月
拍摄地点：墨脱县

【照片口述】

　　墨脱县干部白玛同民间文化艺人普布刀杰交流民间文化的传承和发扬问题。

　　门巴族和珞巴族一样，都是开放、包容的民族。他们对本民族文化十分重视，积极传播，也对新生事物积极接纳。以普布刀杰为例，他一方面为我提供了大量珞巴族的传统文化资料；另一方面，在和我交谈时，多次表现出对外界文化的强烈兴趣。

第七章
珞渝工作组

1951年，西藏和平解放时，中国人民解放军派出小分队来到墨脱宗。小队在墨脱村旁边建立了营房，他们的主要任务是了解情况，服务门巴族群众，维护祖国统一。在驻扎墨脱村附近时，解放军关心门巴族农奴的生活情况，向他们发放救济，辅助生产，得到了墨脱村村民的认可。当时村里还有医疗小组，免费为村民治病。解放军们还放映露天电影，让村民第一次见到露天电影。

1956年，在毛主席的关怀和党的民族政策的照顾下，为培养民族干部，第一批有觉悟的门巴族青年被挑选到中央民族学院学习。1957年，驻墨脱村附近的人民解放军奉上级指示撤走，封建领主的代理人反攻倒算。1959年，西藏上层反动集团策动的叛乱失败后，流窜边境的少数人威胁、煽动不明真相的门巴族群众逃跑，逃时还将门巴族群众的房屋烧掉，迫使他们无法返回。墨脱村一时乌云遮日。1962年，经中央批准，中国边防部队在鲁之东、于盛文[1]等同志组织率领下进入墨脱地区。墨脱宗的第十任、第十一任宗本均外逃。[2]

这是相关公开出版物对"珞渝工作组"的介绍，作为工作组的一员，我需要补充的概况如下：

1952年6月，"珞渝工作组"翻越遂拉山从帮辛进驻

---

1 应为喻盛文。
2 王丽平：《墨脱村调查》，中国经济出版社2012年版，第13页。

金珠,并以此为基地开展工作。1955年,塔工分工委成立,"珞渝工作组"改名为"白马岗工作队"[1],并南下墨脱宗,开展工作。1956年9月成立墨脱宗办事处。1959年5月建立墨脱县。1962年6月,工作队第二次进驻墨脱,并成立县(营)委。1964年,墨脱县划归拉萨市管辖。1966年至1968年,全县完成了民主改革。

  从此,墨脱各族人民在党的领导下,迈步进入了新的历史时期。丰富多彩的珞巴族、门巴族文化受到充分的保护,各族人民的生活水平得到极大提高。在祖国大家庭中,珞巴族、门巴族和各民族一道,正以主人翁的身份携手并肩创造新生活,正以主人翁的身份书写出自己民族绚丽多彩新的篇章。

---

[1] 为方便理解,口述者在叙述1955年以后的事件时,仍沿用"珞渝工作组"的名称。

【照片档案 151】

图片说明：珞渝工作组成员在金珠河上的格当藤索桥留影
拍摄时间：1954 年 9 月 25 日
拍摄地点：金珠河

【照片口述】

  这时，我刚开始摸索摄影，角度、光圈、速度都尚未熟悉，故拍摄的照片不尽理想。但它是我的处女作之一，我还是感到十分满意，也分外珍惜。
  藤索桥上的三位同志是徐元功、赵德令和丁培萱。

【照片档案 152】

图片说明：时年 21 岁的冀文正在金珠宗布龙村留影
拍摄时间：1954 年 9 月
拍摄地点：金珠宗布龙村

【照片口述】

  风华正茂的我，21 岁奉命赴边关墨脱工作，二话没说，我就翻大雪山来戍边了。这是光荣，这是责任，也是担当。

【照片档案 153】

图片说明：波密分工委珞渝工作组部分成员在金珠宗布龙村合影
拍摄时间：1954 年 9 月 26 日
拍摄地点：金珠宗布龙村

【照片口述】

  这是当时珞渝工作组在布龙基地的全体人员：前排左起：廖忠义（副书记）、徐元功（医助）、任水清（炊事员）。后排左起：于全波、冀文正、赵德令。当时，丁培萱和徐正忠同志在卡布珞巴村蹲点工作。

  他们安心边防工作，勤勤恳恳，为开拓墨脱工作奠定了良好基础。据闻廖忠义和赵德令已去世，但人民不会忘记这批"大峡谷之子"的。

【照片档案 154】

图片说明：珞巴族头人安布（右二）在卡布驻地教干部如何滑过藤溜索

拍摄时间：1954 年 10 月

拍摄地点：墨脱宗卡布村

【照片口述】

墨脱地区处于喜马拉雅山区，高山峡谷，所有大小激流的流速都在 10 米/秒以上，河面很宽，河床很高，水流湍急，根本无法架设木桥。雅鲁藏布江和墨脱的十多条河流上多数是藤溜索，少数是藤索桥。"学会过索桥和滑溜索才能在墨脱生存。"珞巴族同胞耐心教会我们这些本领，使我们通过了环境的考验，奔驰在珞渝的山山水水之间。

在卡布驻地，有两棵大树，相距 50 米，珞巴族朋友在两棵大树上拴上四根藤条作溜索。我们在头人的帮助下，学习从藤溜索上滑过去，滑过来。开始大家都害怕，后来个个都成了滑溜索的"行家"与"专家"。

【照片档案 155】

图片说明："大峡谷之子"中的部分成员

拍摄时间：1956 年 3 月

拍摄地点：波密县扎木村

【照片口述】

前排左起：薛世华、刘义藻、李永华。后排左起：谢张和、王中国、高龙。高龙同志是湖南人，1949年10月入伍，曾任墨脱县办事处财粮科副科长。

墨脱有"盐比金缺"的俗语。广大群众所需日用工业品和食盐要从10天行程外的扎木或林芝背回，鳏寡孤独人家根本无力解决。

共产党是为人民服务的，我们年年从大山那边背回食盐低价供应他们。1956年调拨食盐的任务落在县财粮科副科长高龙同志身上。他带领几十名民工在11月份翻越多雄拉雪山时，遇到雪崩，牺牲在雪山上。

我们雇民工运费是27块银圆，食盐卖给群众每包才收12元，连成本都不够。"共产党、毛主席是墨脱人民的再生父母！"墨脱人民这样说道。

【照片档案156】

图片说明：在西藏塔工分工委帐篷驻地，丁培萱（左）与同事窦新庚在帐篷办公室内

拍摄时间：1954年夏

拍摄地点：塔工分工委驻地

【照片口述】

丁培萱同志1952年至1954年在墨脱工作，他会说藏语，同群众关系很好，珞巴族人都亲切地叫他"扎西"，意为吉祥。

图为窦新庚同志1954年代表中共波密分工委前来墨脱慰问大家，与丁培萱合影。丁培萱是在墨脱入党的第一人（1953年），冀文正是在墨脱入党的第二人（1954年9月）。

【照片档案157】

图片说明：边防战士戍守边疆，垦荒种田
拍摄时间：1954年9月
拍摄地点：墨脱宗格当村

【照片口述】

　　边防战士在戍守边疆的同时，努力垦荒，仅两年时间，就做到了粮食自给，蔬菜有余。

【照片档案158】

图片说明：珞渝工作组喜收小麦。
拍摄时间：1954年9月
拍摄地点：金珠宗布龙村

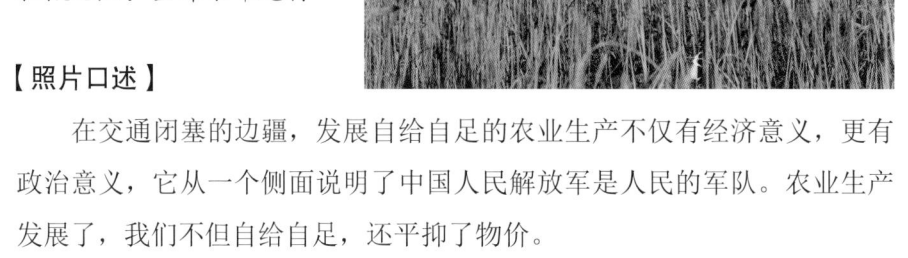

【照片口述】

　　在交通闭塞的边疆，发展自给自足的农业生产不仅有经济意义，更有政治意义，它从一个侧面说明了中国人民解放军是人民的军队。农业生产发展了，我们不但自给自足，还平抑了物价。

　　珞渝工作组发展自给自足的农业，成为融合军民关系的纽带和桥梁。

【照片档案 159】

图片说明：珞渝工作组垦荒种地
拍摄时间：1954 年 9 月
拍摄地点：金珠宗布龙村

【照片口述】

 遵照"进军西藏，不吃地方"的方针，进驻墨脱的干部从 1953 年起积极垦荒种地，以求自给自足。我们进驻第二年（1954 年）就做到粮食自给有余，最大限度地减轻了当地人民的负担。

 我们不但不吃群众的粮食，还用自己生产的粮食救济贫困户，无息贷给缺粮户。

【口述文献】

吃饭问题

口述、整理：冀文正

　　1952年，我们进驻波密地区已经一年了。一年来，我们工作顺利开展，爱国反帝力量不断壮大，我们团结了头人和群众，从地方采购了粮食，加上一年来开垦的数百亩土地的收成，基本解决了工作人员的吃饭问题。可以说，我们在波密站住了脚跟。在这个基础上，为了扩大群众宣传工作，中共波密分工委派出两个工作组分赴工布（今林芝市米林市和工布江达县一带）和珞渝地区（今墨脱县）。

　　珞渝工作组在连有祥带领下于1952年在"淋破头"的6月翻越喜马拉雅山到达墨脱县的帮辛和金珠。这里居住着勤劳、好客的藏族、门巴族和珞巴族同胞。为了在珞渝地区站住脚、扎下根，分工委对工作组"约法八章"，其中一条重申了"进军西藏，不吃地方"的方针。珞渝虽属亚热带气候，物产丰富，但三大领主的乌拉差役多如牛毛，劳苦大众劳累终年，仍不得温饱，只有以棕树充饥，吃后肚胀便秘，浑身无力。工作组看在眼里，痛在心上。

　　进驻珞渝后，工作组的头等大事是广泛接触各族各界群众，积极开展宣传教育工作，为群众看病，送药上门，修水渠解决群众的饮水困难。同时，在征得头人和群众的同意后，工作组投入到紧张的生产开荒活动，吃住在荆棘丛生的荒滩上。那时，山上积雪在加厚，从大山北面背过来的粮食在减少。一天十几个小时的劳动量，使大家的饭量不断增加，同时病员也在增多。一无后援，二不准购粮，形势相当严峻。工作组党委多次召开"诸葛亮会"，让大家想办法渡过难关。大家咬着牙，挖野菜和芭蕉根，每天以四两粗粮和棕树、芭蕉根、野菜煮成的糊糊度日。因为食盐奇缺，糊糊中没有盐味。吃这种黑红的"八宝饭"别说香味，连盐味都没有，又涩又苦，比吃中药还难受。再说，大家经过半个多月的长途跋涉，体力消耗很大，个个都消瘦了许多，眼睛深陷，但为了抢时间秋播，当年种，当年收，没有休整就又投入相当紧张的开荒活动。没有肉，没有油，连肚子也填不饱了，个个面色苍白。

这种生活过了43天，波密分工委派民工背来了10包（每包30公斤）大米和20包面粉，加上抢种的早萝卜、荞麦和早熟玉米陆续收获，初步解决了吃饭问题。开荒种地才是解决吃饭问题的根本办法。但十几个人只有五把铁锹、两把十字镐，只好轮换使用。大家有的挖地，有的拔草，有的捡石头，有的用自制的木锨平整土地，每天还派五人上山背回两袋鸽粪。打了血泡就用刺扎破再干，你争我抢干重活、脏活，就是病号也没有歇着的。经过两个多月苦战，我们完成了50亩地的播种任务。第二年夏，大自然赐予开拓者丰收的喜悦：蔬菜自给有余，人均收粮583斤，是西藏工委规定的161斤的三倍多。1955年，珞渝工作组改为白马岗工作队，全面开展墨脱三宗的工作，下设四个工作组，人员虽有增加，但仍做到了蔬菜自给，粮食自给。同时，工作队还向当地各族人民无偿赠送优良品种，传授玉米人工授粉、水稻单株合理密植、棉花整枝等技术，受到群众称赞。军民、干群关系更加融洽了，这为以后各项工作的开展奠定了坚实基础。

【照片档案 160】

图片说明：珞渝工作组开
　　　　　垦荒地，自力
　　　　　更生
拍摄时间：1955 年 5 月
拍摄地点：金珠宗布龙村

【照片档案 161】

图片说明：珞渝工作组开
　　　　　垦荒地，自力
　　　　　更生
拍摄时间：1955 年 5 月
拍摄地点：金珠宗布龙村

【照片口述】

　　农业生产是我们的主业之一，工作组一天也不放松生产。守家的同志天天在田间干活，下乡干部返回后也不休息，立马又投入生产。这样辛劳的付出，让我们终于有了丰收的喜悦。

　　吃饭的问题解决了，我们深扎边防的根基就牢固了。

【照片档案 162】

图片说明：珞渝工作组成员给菜地锄草

拍摄时间：1955 年 5 月

拍摄地点：金珠宗布龙村

【照片口述】

工作组重视品种，除选用良种外，还加强田间管理，精耕细作，如适时浇水、拔草、松土、清除虫害等获得丰产丰收。

我们的科学种田，一是获得理想收获；二是示范群众，起表率作用，影响群众，用事实"说话"，也起到了良好效果。

【照片档案163】

图片说明：努力生产，自给自足
拍摄时间：1955年6月
拍摄地点：金珠宗布龙村

【照片档案164】

图片说明：努力生产，自给自足
拍摄时间：1955年6月
拍摄地点：金珠宗布龙村

【照片口述】

　　要生产，还要会生产。我们通过实践，摸索总结经验，提高了耕种技术，也增加了粮食产量。当看到自己培养的禾苗茁壮成长、果实累累时，每个人都欣喜不已。

【照片档案 165】

图片说明：珞渝工作组成员向格当村藏族村民次仁传授种植小麦的经验
拍摄时间：1955 年 8 月
拍摄地点：金珠宗格当村

【照片口述】

　　金珠地区青稞、小麦产量不高，亩产 300 斤左右，原因多种，主要是品种退化，因此要精选良种。干部向群众宣讲"母壮子肥"的朴素道理，选好种子，争取高产，群众接收，付诸行动，实现高产。

　　比如一块田地，有 3 亩面积，土质一样，肥力也一样，但作物不一定都长一样。在地中央精选那些异株、植株矮、果实多且饱满的，它就是优良品种，是我们需要的。

　　干部在现场向农民们讲解科学种田的知识，人多时讲，人少时也讲，一传十，十传百，效果显著。

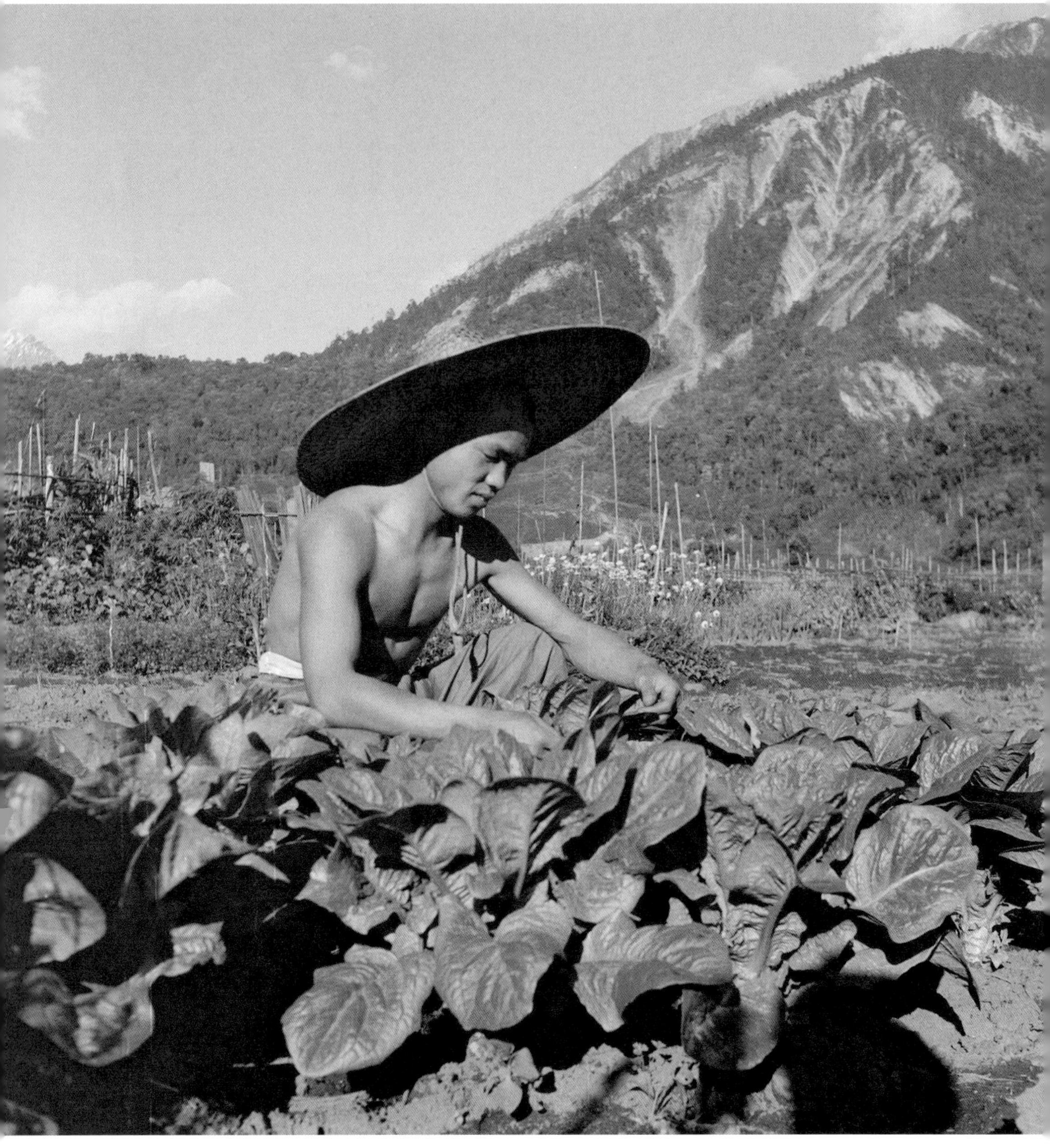

【照片档案 166】

图片说明：金珠宗布龙村珞渝工作组种植的蔬菜丰收
拍摄时间：1955 年 8 月
拍摄地点：金珠宗布龙村

【照片口述】

　　西藏民主改革前，我党的方针是"做好统战工作，相应做好影响群众的工作"。搞好内部的生产也是"影响群众工作"的一个重要组成部分。我们的生产根据当时的实际情况尽量做到"科学种田"，如深翻土地，施足底肥，选用良种，合理种植，适时浇水，松土除草，适时收割，颗粒归仓。这道道工序都对群众启发很大，收到很好的效果。如精选良种，这一项就可增产10%以上，松土除草大大提高了产量。对"自花授粉"的玉米实施"人工授粉"，单产提高，特别明显。

　　我们珞渝工作组不但粮食年年大丰收，各种蔬菜也获得丰收，还改变了群众饮食品种单一的现象。蔬菜有20多个品种，其中莲花白大个的20多斤，黄瓜10多斤，河南的芝麻、西瓜、花生等都在边疆开花结果。工作组种的蔬菜还供应给群众，反响很好。

【照片档案 170】

图片说明：珞渝工作组在金
　　　　　珠宗布龙村育苗
拍摄时间：1956 年 2 月
拍摄地点：金珠宗布龙村

【照片口述】

　　鸡爪谷采取育苗移栽的技术，产量高，质量好。

【照片档案 171】

图片说明：珞渝工作组试种
　　　　　芝麻成功
拍摄时间：1956 年 5 月
拍摄地点：金珠宗布龙村

【照片口述】

　　对芝麻进行"拔弱扶强"，合理密植，充分利用地力和阳光，产量大幅度提高了。同时实行"合理密植"，植株高了。这些方法深受群众欢迎。

【照片档案 172】

图片说明：工作组人员向田地拉车运肥，促进生产自给
拍摄时间：1957 年 4 月
拍摄地点：金珠宗布龙村

【照片口述】

"庄稼是枝花，全靠肥当家"。在当时，我们粮食单产高，其中，施足底肥是一个重要原因。

我们的人工底肥由农家肥加上鸽粪混制，再糊泥封顶，沤烂的肥料边施边翻耕，做到"肥料不见天"，以提高肥效。

【照片档案 173】

图片说明：工作组指导村民精选良种，让庄稼"母壮子肥"
拍摄时间：1957 年 7 月
拍摄地点：金珠宗布龙村

【照片口述】

　　1955年，卡布村12户珞巴族农民仅有51件铁质农具，每家除斧头和砍刀是刀耕火种少不了的主要铁质工具外，其他生产过程如戳洞下种、挖地、松土、夹穗收割和舂米，全是使用木质或竹质的工具，脱粒用脚踩，运输靠人背。农业处于萧条状态，广大农奴过着衣不蔽体、食不果腹的生活，挣扎在饥寒交迫的死亡线上。

　　这种境况，我们看在眼里，急在心头。除循序渐进地进行科技知识宣传，教会大家一些简单易行的农业技术外，更重要的是身先士卒，作出榜样，让群众目睹科学种田的好处。我们首先在自己种的地里对玉米进行了人工授粉的对比试验，同时，征得主人同意，在氏族首领的地里也搞了一块对比试验田，并且做了记号。秋收时再次邀请部落和氏族首领及群众前来观看。经过人工授粉的玉米棒子个大并且没有光头，籽粒沉甸甸的，色泽光滑，当场脱粒后，同样大小的玉米棒子，人工授粉的比没有授粉的重10克，在场的人大吃一惊，纷纷称赞道："玉米结婚（指人工授粉）可以高产。"于是，家家户户都来索要种子，我们无偿赠送了优良品种。从此以后，珞巴族人年年都主动进行玉米人工授粉，相沿成习至今。

　　通过这件事，我们从中悟出一条道理：说一百遍，不如做一遍效果好。从此，我们更注重实效，而且从群众的生产、生活等切身利益做起。农作物单产低的主要原因之一是种子古老退化，我们就从"母壮子肥"讲起、做起。经过两年精选良种的实践，当地单产提高10%以上。之后，群众年年都主动选种。像菜地施肥、深耕细作、棉花整枝、水稻单株合理密植等技术都不同程度地被群众所接受，收到了较好的社会效益和经济效益。

【照片档案174】

图片说明：工作组指导群众精选良种

拍摄时间：1970年7月

拍摄地点：金珠区聂巴村

【照片档案 175】

图片说明：工作组指导群众精选良种
拍摄时间：1970年7月
拍摄地点：金珠区聂巴村

【照片档案 176】

图片说明：珞渝工作组的体育活动
拍摄时间：1954 年 10 月
拍摄地点：金珠宗布龙村

【照片口述】

20 世纪 50 年代，整个墨脱县最少时仅有 8 名干部，最多时有 14 名军政人员，他们还分散在各个点上。布龙村作为重要的后方基地，也只有干部 8 人。战士们不惧条件差，自建起了篮球场、乒乓台，积极开展体育活动。

在"独居一隅"的偏僻之地工作，人的孤独感特别强烈。我们除了抓好干部的思想教育外，还积极开展各种有益活动，如下乡采风，和群众沟通交流，也积极开展体育活动，既增强了军民团结，又增强了大家的体质。

【照片档案 177】

图片说明：珞渝工作组嫁接的水蜜桃树
拍摄时间：1955 年 3 月
拍摄地点：墨脱宗马尼翁村

【照片口述】

  群众最关心与生活、生产有关的切身利益，我们就从这方面着手展开工作。科学种田等方便易行的增产措施，大受群众欢迎。
  我 1953 年在拉萨农业技术干部学习班学到的知识和技术，有了用武之地。以果树嫁接为例，"母壮子肥"的朴素道理浅显易懂，精选良种的方法随后在好几个村落普及开来。

219

【照片档案 178】

图片说明：秋季植树造林，绿化驻地
拍摄时间：1956 年 11 月
拍摄地点：墨脱宗布龙村

【照片口述】

　　布龙村附近的山上全是原始森林，我们驻地桃树成片。为了美化环境，我们在房前屋后移栽了各种果树，以核桃树、水蜜桃树居多，既改善了居住环境，又坚定了我们以边疆为家的信心。

【照片档案 179】

图片说明：墨脱官兵采摘自己种的香蕉

拍摄时间：1957 年 10 月

拍摄地点：墨脱宗背崩村

【照片档案180】

图片说明：墨脱官兵帮助群众采摘香蕉

拍摄时间：1963年5月

拍摄地点：墨脱县背崩村

【照片口述】

　　墨脱的军民关系一直很好，真是鱼水关系。这是汉族军官陈干事（左）和门巴族军官（右）帮助缺劳力的拉姆阿比收获香蕉。群众收获的香蕉可卖给部队，以换取食盐等生活用品。

【照片档案 181】

图片说明：边陲的香蕉
拍摄时间：1955 年 9 月
拍摄地点：墨脱宗马尼翁村

【照片口述】

　　这棵即将成熟的香蕉是干部自种的。为了坚守边疆，大家自力更生，丰衣足食。

　　边防战士响应"长期建藏，边疆为家"的号召，落实在行动上。墨脱地处准热带、亚热带，热带水果十分丰富，其中，香蕉很多，漫山遍野都是可食的野香蕉、芭蕉。战士们在营地栽种香蕉，既美化环境，又改善了生活。

【照片档案 182】

图片说明：珞渝工作组干部在金珠河中游泳
拍摄时间：1956 年 7 月
拍摄地点：金珠宗布龙村

【照片口述】

　　墨脱夏季炎热，一般在 28℃以上，不时达到过 38℃，35℃的日子更是常见。在夏季，一天中人们经常要洗几次澡。

　　我们县委暂驻马尼翁时，距河流较远，我们在竹楼旁边也挖了一个约 30 平方米的土坑，坑里放了 5 个腰粗的木桩，放水 1.5 米深。一是方便大家洗澡，二是用于避暑解热。我记得，天热时坐在坑里吃饭，凉爽舒坦。这也算是边陲难得的"享受"。

【照片档案 183】

图片说明：军民共筑水渠
拍摄时间：1963 年 11 月
拍摄地点：墨脱县地东村

【照片口述】

　　开渠引水，灌溉水田，是保障丰收的首要条件。水利是农业的命脉，尤其水田不能缺水。我们干部带头找水源，引导群众修渠、架槽引水，争取多打粮食，改善群众生活。

【资料档案】

团结渠诞生了

口述、整理：冀文正

西藏米林县的团结渠竣工了，这是一个大胜利。藏、洛、曼[1]各族农民纷纷向伟大领袖毛主席，敬献哈达和甜酒。

团结渠可以灌溉加拉乡和排乡的二千多克[2]土地。这里是山间盆地，土地肥沃，盛产青稞、小麦、油菜和玉米。在民主改革以前，这肥沃的土地是一片饥饿和荒凉的景象。十年前的大地震，破坏了这里的所有渠道，自然的灾害压到了农民的头上。十年来，为了逃避阶级压迫和大自然的灾难，剩下来的300多人伴随着残垣断壁，苦度着日月。

民主改革胜利了，在共产党的领导下，藏、洛、曼族农民站起来了，他们说：我们已经打垮了阶级敌人，要乘胜向自然进攻，天是靠不住的，为了丰收，我们要重修水渠。

团结渠的修建，得到党和政府的大力支持与全县人民的热烈帮助。中共米林县委会的领导同志和县长朗杰彭措，亲到工地和农民一起劳动。驻在加拉乡的人民解放军的部队，也帮助农民修水渠。

党的关怀和邻乡人民的支持，大大鼓舞了加拉乡和排乡人们的劳动积极性。他们战胜严寒，提前完成计划，工程质量达到标准。农民们在施工中以木质镐代替铁质工具，以挖空的22根木槽代替了铁皮槽，节约了大量的铁皮。

水渠的竣工使广大农民更进一步热爱党和毛主席，也进一步相信自己解放自己的伟大力量。农民自己的双手使流沙驯服，使石崖搬了家，在大深沟上架起了长龙似的木槽。事实解除了人们的怀疑，对进一步开展大生产运动奠定了良好基础。

注：本文原刊于1960年《农田水利》，本书引用时有所删节。

---

1 为尊重史实，本文照实而录。文中"洛"指珞巴族，"曼"指门巴族。
2 "克"是西藏特有的度量单位。"1克"等于14公斤，"1克土地"指1克种子能播种的土地面积，约等于1亩（667平方米）。

【照片档案 184】

图片说明：林中哨兵
拍摄时间：1955 年 7 月
拍摄地点：墨脱宗西让村

【照片口述】

今天的西让村是西藏自治区林芝市墨脱县背崩乡辖行政村，距乡政府所在地 22 千米，位于背崩乡雅鲁藏布江西岸，北邻地东村，南方是更仁村，属于典型的高山峡谷地貌，属亚热带气候，雨水充沛。2014 年 8 月，西让村共 21 户 147 人。

【照片档案 185】

图片说明：军民联防，共建铜墙铁壁的边防
拍摄时间：1962 年 12 月
拍摄地点：墨脱县德尔贡一带

【照片口述】

巩固边防，建设边防，是墨脱全体军民的共同心愿，军民一心，坚如磐石。

部队在巡逻时，常有群众自愿参与，他们带路当向导，又担任翻译，为部队巡逻提供了大力支持。

附 录

我的摄影实践

——留下人类往昔的记忆

口述、整理：冀文正

1948年开封解放后，《开封日报》及中原军区的《拂晓报》上经常刊登一些图片，引起了我的好奇。这个"谜"在头脑中不时翻腾，最大的奢望是自己拥有一部照相机。明知是幻想，但渴望梦想成真。战争年代，没有分文工资，何谈购机。1949年5月，中央军委奖励解放南京的每位将士二千元中州币，中华人民共和国成立，国家又奖励每人一万元和四野支援二野每人一万元，身上从来没有装过一分钱的我将这二万二千元装在拆缝的上衣里，不时摸摸，生怕掉了。1949年年底解放贵阳后从中取出九千元买了一支金星钢笔（今日约值上千元），从此，不用铅笔记日记了，心里多舒坦呀！

1949年12月12日，我在贵州省贵阳市头次照了一张十八军随营学校八中队百人合影照，我在其中，如获至宝，妥存60多年，这张照印在我2011年出版的《莲花遗韵》和《媒体传情》书中。1950年5月23日，进军西藏路过四川新津城时，我在照相馆照了一张"进军西藏"单人照。这两张相片大大震撼了我，激励了我，我决心努力创造条件实现我的"照相梦"。

1950年进军西藏开始，部队发了工资，排连干部每月5元，我是连队文化干事，正排，每月5元，是银圆。"滴水成河"，积少成多。当时，不发现金，若真正需要，可以领取现金，事务长给我发个小本，形似现在的存折。我性格倔强，口头禅是"看准了就大干，没把握就试验"，一生坚持这个座右铭。实践证明，这条路走对了，不过，有时落个"倔牛"的别称。但我的"野心""幻想""美梦"是两条：拍照和抢救珞渝文化都获得巨大成功，没人能与我比拟的，真的。话说回来，为了践行承诺实现"野心"，我付出了许多许多，钱花光了，苦吃够了，仅喜马拉雅山就徒步翻越28次，16趟往返世界第一大峡谷——雅鲁藏布大峡谷，一生中被蚂蟥吸的血不下10脸盆，有一天就被叮咬了34个血口，失血不下一茶杯。5次差点掉进雪山的冰穴中，3次在喜马拉雅山顶被吹到岩下。为了工作、拍照，抢救非物质文化遗产，天天在生死路上奔波；为了边防的巩固，为了边疆人民的幸福，为了留下人类童年的记忆，为了继承和弘扬门巴族和珞巴族优秀传统文化，我一生奔波在喜马拉雅山区的边防线上，苦，值得！失去的是小失，得到的是大得！我心安理得了。活得有意义！我为河南人争了光！当然，也要感谢河南人民对我们边防战士的关心和爱护！

为了实现购机梦想，我不舍得乱花一分钱。截至1954年，我的积蓄达到300元，我厚着脸皮向中共林芝分工委书记何祖荫同志借了200元，他很大方，对我很器重，大力支持我学着照相，把边疆的一切记录下来。

我花 500 块银圆买了一部德国上等相机罗莱佛莱斯。万事开头难，头三脚难踢。不懂就学。那时，西藏林芝尚未通汽车，没有书店、邮局，只有精干的几十名党政军干部。幸亏有一名叫彭遐熙的四川大学毕业生，他懂一些摄影知识，是我的启蒙老师。我又向战友们借了 150 元买了 10 个双爱克斯胶卷（每卷照 12 张），一个相夹，一盒相纸以及显影、定影药粉等简易用品。朋友讲的听懂了，但操作起来又是一回事，照失败了许多次，冲胶卷、显影、定影、洗相片诸多工序都失败几十次、上百次。失败一次心痛一次，但不后悔，不气馁，总结一次，眼亮一次。失败——总结——再失败——再总结，失败一次，提高一次。经过多次失败，多次提高，最后掌握了它的规律，得心应手地干起来了。

经过一年努力，我学会了门巴语、珞巴语和藏语，藏文也精通。边疆人民对我加倍信任，亲如兄弟，什么话都给我说。因此，几十年间我搜集了 500 多万字的传说、故事、神话、歌谣、谚语、民俗，编著 28 部书稿，已出版 22 部，广受欢迎。其中《珞巴族民间故事》一书获得 2011 年国家"山花奖"大奖及四川省巴蜀文艺特别奖。尚待出版的 7 本中有 4 本是翻译成藏文的，也出版了。

边疆是美丽的，人民是勤劳的，旧西藏是黑暗的。因此，我用照片歌颂西藏人民的勤劳善良；揭露黑暗落后、残酷的封建农奴制度。《人背人》等老照片深受欢迎。2010 年我的"雅鲁藏布大峡谷首展"在西南民族大学展出，很受欢迎。《弯弯的藤索桥》多次在国内外展出，大受好评。《人背人》《藤索桥》已走出国门在14个国家展出，被国家民族文化宫和西藏革命展览馆收藏。《人背人》照片还荣获第四届国际影展金奖，《藤索桥》等获国际影展银奖及西藏影展铜奖。

  几十年来，《解放军报》、新华社、西藏卫视、湖南卫视、陕西卫视、四川卫视、《西藏日报》《成都日报》等数十家媒体报道了我，介绍了我，我被誉为"抢救珞渝文化第一人""创造西部神话的人""雅鲁藏布大峡谷奇人"，等等。但这些过奖了，我是一个普通的老西藏、老干部，不值得张扬。我干的这些事是本分，应该干的，而且干得并不完美，遗憾不少。

【档案资料】

墨脱县

西藏自治区墨脱县是雅鲁藏布江流经中国境内的最后一个县，境内的居民主要为门巴族和珞巴族。雅鲁藏布大峡谷主体段在该县境内。墨脱县是西藏高原海拔最低、气候最温和、雨量最充沛、生态保存最完好的地方之一。

"墨脱"一词在藏语中意为"隐藏的莲花"，墨脱县历史上有"珞渝白马岗"之称。

至2024年，墨脱县辖1个镇7个乡45个行政村、1个社区。县政府驻墨脱镇。（数据来源：墨脱县人民政府网2024年公布信息）

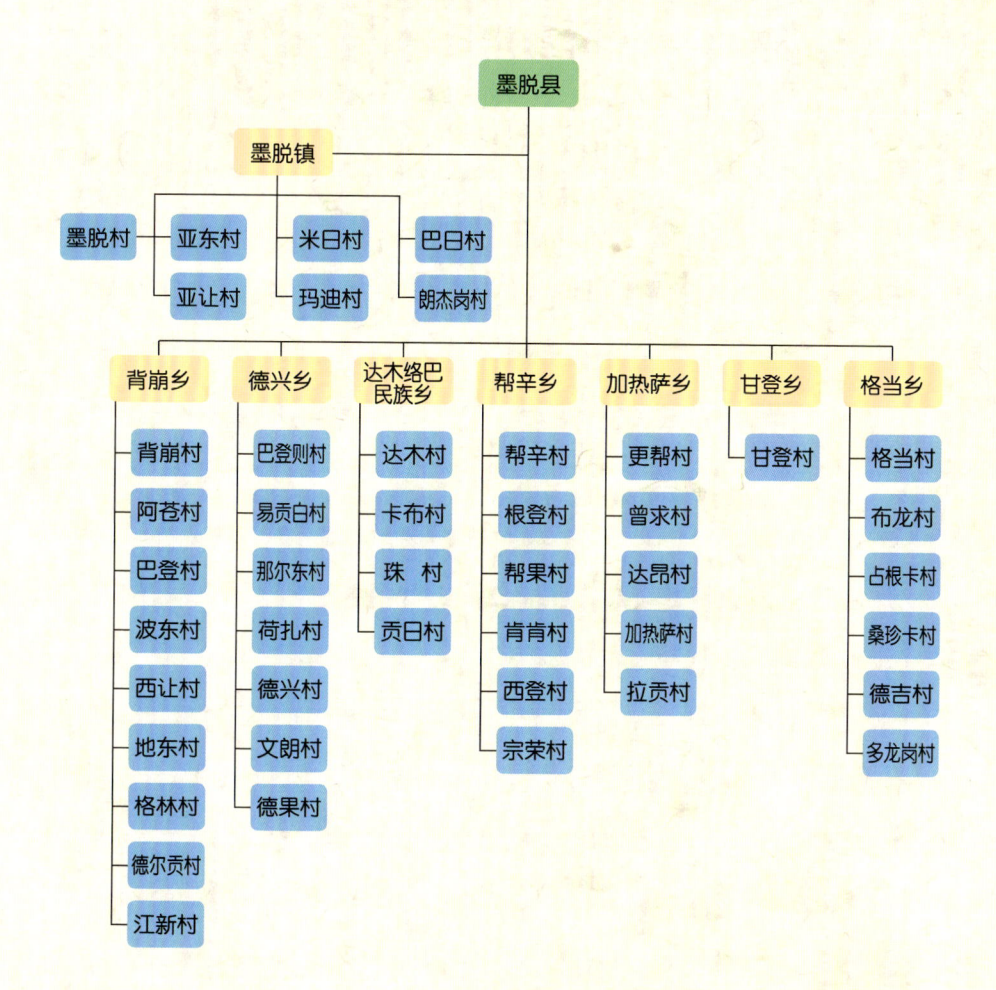

墨脱县
├── 墨脱镇
│   ├── 墨脱村
│   ├── 亚东村
│   ├── 亚让村
│   ├── 米日村
│   ├── 玛迪村
│   ├── 巴日村
│   └── 朗杰岗村
├── 背崩乡
│   ├── 背崩村
│   ├── 阿苍村
│   ├── 巴登村
│   ├── 波东村
│   ├── 西让村
│   ├── 地东村
│   ├── 格林村
│   ├── 德尔贡村
│   └── 江新村
├── 德兴乡
│   ├── 巴登则村
│   ├── 易贡白村
│   ├── 那尔东村
│   ├── 荷扎村
│   ├── 德兴村
│   ├── 文朗村
│   └── 德果村
├── 达木珞巴民族乡
│   ├── 达木村
│   ├── 卡布村
│   ├── 珠村
│   └── 贡日村
├── 帮辛乡
│   ├── 帮辛村
│   ├── 根登村
│   ├── 帮果村
│   ├── 肯肯村
│   ├── 西登村
│   └── 宗荣村
├── 加热萨乡
│   ├── 更帮村
│   ├── 曾求村
│   ├── 达昂村
│   ├── 加热萨村
│   └── 拉贡村
├── 甘登乡
│   └── 甘登村
└── 格当乡
    ├── 格当村
    ├── 布龙村
    ├── 占根卡村
    ├── 桑珍卡村
    ├── 德吉村
    └── 多龙岗村

【档案资料】

门巴族

　　门巴族是中国 56 个民族之一,多数自称"门巴"(来自门隅的人)。"门巴"意为居住在门隅地区(今西藏山南市南部)的人。门巴族主要分布在西藏东南部珞渝地区,部分分布在珞渝地区的墨脱、梅楚卡、巴加西仁和更仁一带,另有少数散居在林芝排龙山区;使用门巴语,语属汉藏语系藏缅语族门语支,且多方言,无本民族文字,通用藏文。

　　唐长庆三年(823)设立于拉萨大昭寺前的甥舅和盟碑记载:"孟族"[1]等族向吐蕃王朝"俯首"。这个孟族即包括门巴族。门巴族人民和藏族人民长期友好往来,互通婚姻,在政治、经济、文化、宗教信仰、生活习俗等方面都有十分密切的关系。13 世纪,门隅作为西藏的一部分正式归入中国版图。17 世纪,藏传佛教格鲁派掌握西藏政治大权,五世达赖喇嘛阿旺罗桑嘉措派官员在门隅设立宗康(宗本衙门),开始了政教合一的统治。六世达赖喇嘛仓央嘉措即出生于门隅地区。1944 年,英帝国主义武装入侵中国达旺地区,当地门巴族人民与藏、汉、满各族人民一起,奋起抗击,为保卫祖国神圣领土作出了重大贡献。

　　门巴族主要以农业为主,兼营畜牧业、林业和狩猎,种植水稻、旱稻、鸡爪谷、小麦、芝麻等,也种植甘蔗、香蕉、柠檬、橘子,以及青稞和可代粮的根块植物。1951 年西藏和平解放前,门巴族的生产力依然很低,生产工具还较为简陋,铁制农具少。现在门巴族人民生活已有了较大改善,家家户户安装了电灯,通了公路和骡马大道,乡、村建立了医疗卫生机构和学校。门巴族的干部队伍正在成长。

　　门巴族男女都穿红色磕氆长袍,戴褐顶橘黄边、前部留有缺口的小帽或黑色毡帽。妇女腰束白围裙,喜戴手镯、串珠、耳环、戒指等装饰品。墨脱地区的门巴族,男女一般穿长短两种上衣。妇女喜欢穿长条花色裙子。

男子腰间挂一把砍刀。

食物以大米、玉米、荞麦、鸡爪谷为主,也食糌粑、面饼、奶渣,喝酥油茶,喜吃辣椒。住房多为"人"字形竹顶、草顶或木顶及横木墙壁(勒布地区用石块砌墙)的三层结构的干栏(墨脱地区多为竹木结构的二层干栏),上层住人,下层关圈牲畜,室内地板上铺粗毛毯或兽皮。

婚姻以一夫一妻制的父系小家庭为主。人死后多用水葬和土葬,也用火葬和天葬。当地人普遍信仰藏传佛教,有些地区则信仰原始宗教;通用藏历。

门巴族人勤劳淳朴,待人热情,心地善良。[2] 门巴族人民能歌善舞,创造了许多优美的曲调。舞蹈朴素粗犷,用四孔笛伴奏。门巴族有着丰富的口头文学,几乎人人都会即兴编唱。他们用竹、植物叶皮等编制各种用品,花纹图案美丽质朴。

---

1 王尧在《唐蕃会盟碑疏释》(参见《历史研究》,1980年第4期)中将该词译为"门巴"。
2 王尧,陈庆英:《西藏历史文化辞典》,西藏人民出版社1998年版,第164页。

【档案资料】

珞巴族

　　珞巴族是中国 56 个民族之一，分布于西藏自治区东南部的珞渝地区及相邻的察隅、墨脱、米林、隆子等县（市）的边沿山区。"珞巴"一词为藏语，意为"南方人"。居住在不同地区的珞巴族有不同的自称，如"博嘎尔""崩尼""崩如"等。1982 年人口普查人数为 2065 人。除住在墨脱县北部的珞巴族使用藏语外，其余通用珞巴语，语属汉藏语系藏缅语族，语支尚未确定，且各地区的方言差异较大。

　　据藏文史籍《红史》记载，松赞干布时期，该族所属地即辖于吐蕃王朝。17 世纪以后受命于清代中央王朝的西藏地方政府设有专门管理该地区的机构。在近代史上，珞巴族人民曾屡次开展驱逐帝国主义间谍和"远征军"的斗争，为维护祖国神圣领土不受侵犯作出过极大贡献。

　　珞巴族社会生产力水平较低，西藏和平解放前生产基本上处于刀耕火种的阶段，主要从事农业，兼营畜牧、善狩猎、手工业，种植玉米、鸡爪谷、旱稻及其他杂粮。多数地区保留采集植物坚果、块根植物以补充粮食不足的习俗，有的地区群众喜采集"达谢"等棕榈类植物的茎秆制作淀粉，作为主要食物来源。目前，该地区尚未出现与农业完全脱离的手工业者。珞巴族有定期交换的场所，通行以物易物的交换方式。1951 年西藏和平解放前，社会内部已出现贫富差别和家长奴隶制，各部族基本按父系氏族血缘关系聚居，私有制已发展起来，但土地大都保留着不同程度的氏族公有的形式。如今，各地珞巴族人民已进行了农田水利基本建设，粮食产量已大幅度增长。国家在珞巴族地区兴建了新村，办起了学校和医疗站，本民族干部也得到培养。

　　珞巴族各地区服饰差别很大。珞渝北部部分地区的珞巴族男子，一般穿着羊毛织的长到腹部的黑色套头坎肩，背上披一块野牛皮，用皮条系在肩上。帽子有熊皮圆盔和竹藤条编制的圆盔两种，后者帽檐外还套一个带毛的熊皮圈。赤脚，戴竹骨耳环、项链，腰挂弓箭、长刀等物。妇女穿自织的羊毛、麻、棉衣料做的短上衣和筒裙。各式各样胸饰、腰饰、背饰是珞巴族人民喜爱的装饰品，且各地佩戴方式颇不相同。

住房都是竹木结构的二层干栏，户外另建粮仓，习惯用头额背负物资。珞巴族无本民族文字，解放前还采用刻木、结绳记事的方法，少数人会用藏文。民间故事、传说等口头文学十分丰富。珞巴族群众会在喜庆集会上一边喝酒一边以特定曲调对唱古老的传说，常可通宵达旦。

过去，珞巴族群众的婚姻基本是一夫一妻制，但有些富户盛行多妻；严格实行氏族外婚和等级内婚，通行买卖婚，且有遗妻要在亡夫兄弟中转房的习俗。过去妇女地位低下，现已有所转变。宗教上，珞巴族群众信仰万物有灵。[1]

---

[1] 王尧，陈庆英：《西藏历史文化辞典》，西藏人民出版社1998年版，第164页。

冀文正门巴族、珞巴族相关著述年表

- **1955 年**

《西藏南方的丰收》，《新闻简讯》，10 月 17 日（《人民日报》6 月 7 日转载）

- **1956 年**

《还农贷》，《西藏日报》，7 月 6 日
《深受群众欢迎的无息农贷》，《西藏日报》，7 月 7 日
《奇特的藤网桥》，《西藏日报》，7 月 12 日（《光明日报》8 月 17 日转载）
《猎人白玛共嘎》，《西藏日报》，9 月 2 日
《一个山村的成长》，《西藏日报》，10 月 7 日
《忘我的人——保尔》，《西藏日报》，10 月 10 日
《全面开展墨脱的工作》，《西藏日报》，10 月 11 日

- **1957 年**

《珞渝见闻》，《西藏日报》，6 月 1 日
《太阳永远挂在天上》，《西藏日报》，9 月 7 日
《过好开山关》，《西藏日报》，10 月 7 日
《"到刀嘎去"》，《西藏日报》，10 月 27 日

- **1959 年**

《党的政策好　农民得实惠》，《西藏日报》，9 月 22 日
《塔工人民走向新生活》，《西藏日报》，6 月 4 日

- **1960 年**

《团结渠诞生了》，《农田水利》，第 4 期

- **1982 年**

《在珞巴人家做客》，《西藏日报》，6 月 24 日

- **1984 年**

《甘丹来了"新汉人"》，《西藏日报》，8 月 23 日

■ 1986 年

《荷扎村治疟》，《西藏日报》，6 月 10 日

《珞瑜情歌》，中国民间文艺出版社

■ 1989 年

《墨脱采风散记》，《西藏文联通讯》，第 8 期

《喜马拉雅野人之谜》，《西藏日报》，11 月 6 日

■ 1990 年

《太阳出来了》，《西藏日报》，3 月 7 日

《门巴人的一日》，《主人》，第 4 期

■ 1991 年

《珞巴族的刀耕火种》，《西藏日报》，1 月 1 日

《"米吉"和"纽布"》，《雪域文化》，春季号刊

《墨脱的绿》，《西藏科技报》，3 月 10 日

《珞渝青山埋忠骨》，《西藏法制报》，3 月 30 日

《从"人背人"照片说起》，《主人》，第 4 期

《20 年后重访墨脱》，《民族团结》，第 5 期

《"你们个个是医生"》，《西藏法制报》，7 月 30 日

《北京专家在西藏》，《西藏农业科技》，第 7 期

《军民联防抓特务》，《主人》，第 8 期

《科技进了珞巴家》，《西藏科技报》，8 月 1 日

《墨脱要塞》，《西藏法制报》，8 月 4 日

《通过蚂蟥区》，《西藏法制报》，8 月 15 日

《吃饭问题》，《西藏法制报》，8 月 30 日

《接受任务》，《西藏法制报》，9 月 15 日

《翻越雪山》，《西藏法制报》，9 月 30 日

《抵达珞渝》，《西藏法制报》，10 月 15 日

《卡布安家》，《西藏法制报》，11 月 15 日

《度过粮荒》，《西藏法制报》，11 月 30 日

《一席对话》，《西藏法制报》，12 月 15 日

《墨脱在前进》，《主人》，特刊

《擅长狩猎的珞巴族》，《西藏旅游》，创刊号

■ 1992 年

《甘丹救灾》，《西藏文化报》，1 月 15 日

《卡布一日》，《西藏法制报》，2 月 15 日

《民主改革前萧条的墨脱农业》，《西藏法制报》，3 月 8 日

《滑溜索》，《西藏法制报》，3 月 15 日

《忌讳树》，《西藏法制报》，3 月 31 日

《珞巴族与酒》，《拉萨晚报》，6 月 28 日

《吊脚竹楼的故事》，《拉萨晚报》，7 月 1 日

《入党的一天》，《西藏法制报》，7 月 15 日

《幸福的"苦"》，《西藏法制报》，7 月 31 日

《救济扩大了影响》，《西藏法制报》，8 月 15 日

《让铺位》，《西藏日报》，9 月 9 日

《丢粮事件》，《西藏法制报》，9 月 15 日

《珞巴山村欢度国庆》，《西藏法制报》，9 月 30 日

《从波密到珞渝》，《西藏法制报》，10 月 15 日

《一名共产党员的得失观》，《西藏法制报》，10 月 31 日

《珞巴族解梦种种》，《拉萨晚报》，12 月 3 日

《母与子》，《西藏法制报》，12 月 15 日

《科学种田》，《西藏法制报》，12 月 30 日

《"孤岛"十六年（一）》，《中国民族》，第 3 期

《"孤岛"十六年（二）》，《中国民族》，第 3 期

《"孤岛"十六年（三）》，《中国民族》，第 4 期

《"孤岛"十六年（四）》，《中国民族》，第 6 期

《"孤岛"十六年（五）》，《中国民族》，第 7 期

《"孤岛"十六年（六）》，《中国民族》，第 8 期

《"孤岛"十六年（七）》，《中国民族》，第 9 期

《门巴族格外重视妇女分娩》，《邦锦梅朵》，秋季号

■ 1993 年

《珞巴族的饮食文化》，《拉萨晚报》，2 月 18 日

《深受青睐的佛手瓜》，《主人》，第 2 期

《换粮》，《西藏法制报》，3 月 31 日

《高质量的送温暖活动》，《西藏法制报》，2 月 15 日

《活的一课》，《西藏法制报》，3 月 15 日

《情暖老人心》，《西藏法制报》，1 月 30 日

《欢腾的五四篝火晚会》，《西藏法制报》，4 月 30 日

《珞巴族生殖崇拜散记》，《邦锦梅朵》，第 3 期

《砸碎铁链庆翻身》，《拉萨晚报》，8 月 1 日

《随猎记》，《西藏旅游》，冬季号

《西藏民间故事 第六集》（墨脱民间故事专集），西藏人民出版社

■ 1994 年

《心愿》，《拉萨晚报》，3 月 4 日

《布龙至卡布见闻》，《拉萨晚报》，7 月 10 日

《和睦共事》，《西藏民族宗教》，夏季号

《痴情的珞巴族姑娘》，《西藏日报》，9 月 3 日

■ 1995 年

《闯破牢门寻光明》，《西藏青年报》，5 月 4 日

《北京专家在西藏》，《西藏科技》，第 9 期

■ 1996 年

《一次不能忘记的教训》，《西藏文化报》，7 月 5 日

《美哉！雅江大峡谷》，《西藏科技》，第 9 期

■ 1997 年

《墨脱纪实》，中共墨脱县委印制

■ 1999 年

《"麦线"边缘度中秋》，《四川散文选》，第 3 期

■ 2002 年

《在艰苦的环境里熔炼》，《西藏老龄动态》，第 1 期

■ 2006 年
《一路进军　一路歌》，《西藏日报》，5 月 24 日 6 版

■ 2010 年
《我与门巴族、珞巴族同吃同住 16 年》，《中国国家地理》，第 8 期

■ 2011 年
《门巴族风情录》，成都时代出版社

《珞巴族风情录》，成都时代出版社

《珞巴族民间故事》，四川民族出版社

《门巴族民间故事》，四川民族出版社

《珞巴族歌谣》，四川民族出版社

《门巴族歌谣》，四川民族出版社

《珞巴族动物故事》，四川民族出版社

《珞巴族门巴族谚语》，四川民族出版社

《莲花遗韵》，四川民族出版社

《雅鲁藏布大峡谷国土旅游资源》，地质出版社

■ 2012 年
《20 世纪 50～60 年代西藏墨脱县珞巴族老照片与民风民俗》，《民族学刊》，第 3 期

■ 2013 年
《为了门巴族和珞巴族的尊严》，《晚霞》，第 1 期

■ 2016 年
珞渝文化丛书：《白马情歌》，电子科技大学出版社

珞渝文化丛书：《峡谷流韵》，电子科技大学出版社

珞渝文化丛书：《智语箴言》，电子科技大学出版社

珞渝文化丛书：《灵在民间》，电子科技大学出版社

珞渝文化丛书：《白马情歌》（藏文），电子科技大学出版社

珞渝文化丛书：《智语箴言》（藏文），电子科技大学出版社

■ 其他（年代不详）
《冀文正摄影笔记》，《西藏人文地理》编制

参考文献

一、白皮书

1. 中华人民共和国国务院新闻办公室. 中国的宗教信仰自由状况[EB/OL]. (2005-02-25)[2017-09-23]. http://www.seac.gov.cn/gjmw/zwgk/2005-02-25/1177034000843153.htm.

2. 中华人民共和国国务院新闻办公室. 中国的民族政策与各民族共同繁荣发展[EB/OL]. (2009-09-27)[2017-09-23]. http://www.gov.cn/zwgk/2009-09/27/content_1427930.htm.

3. 中华人民共和国国务院新闻办公室. 西藏和平解放60年[EB/OL]. (2011-07-11)[2017-09-23]. http://www.scio.gov.cn/ztk/dtzt/54/7/Document/954448/954448_1.htm.

4. 中华人民共和国国务院新闻办公室. 西藏民主改革50年[EB/OL]. (2009-03-02)[2017-09-23]. http://www.china.com.cn/ch-book/node_7094609.htm.

二、辞典

1. 谢启晃，李双剑，丹珠昂奔. 藏族传统文化辞典[M]. 兰州：甘肃人民出版社，1993.

2. 王尧，陈庆英. 西藏历史文化辞典[M]. 杭州：浙江人民出版社，1998.

3. 丹珠昂奔，周润年，莫福山，等. 藏族大辞典[M]. 兰州：甘肃人民出版社，2003.

三、专著

1. [清]刘赞廷. 西藏野人山归流记[M]// 西藏地方志资料集成第二

集．北京：中国藏学出版社，1999．

2.［清］刘赞廷．察隅县志［M］∥西藏地方志资料集成第二集．北京：中国藏学出版社，1999．

3.阴法唐．阴法唐西藏工作文集（上下）［M］．北京：中国藏学出版社，2012．

4.唐柯三．赴康日记［M］．南京：新亚细亚学会出版科，1933．

5.于乃昌．门巴族民间文学资料［Z］．咸阳：西藏民族学院科研处，1979．

6.门巴族、珞巴族民间文学概况［Z］．成都：西南民族学院科研处，1979．

7.《珞巴族简史》编写组．珞巴族简史［M］．拉萨：西藏人民出版社，1987．

8.《门巴族简史》编写组．门巴族简史［M］．拉萨：西藏人民出版社，1987．

9.李坚尚，刘芳贤．珞巴族的社会和文化［M］．成都：四川民族出版社，1992．

10.李坚尚，刘芳贤．珞巴族门巴族民间故事选［M］．上海：上海文艺出版社，1993．

11.张江华．门巴族［M］．北京：民族出版社，1997．

12.王玉平．珞巴族［M］．北京：民族出版社，1997．

13.吕昭义，红梅．门巴族——西藏错那县贡日乡调查［M］．昆明：云南大学出版社，2004．

14.龚锐，晋美．珞巴族：西藏米林县琼林村调查［M］．昆明：云南大学出版社，2004．

15.周毓华，彭陟焱，王玉玲．简明藏族史教程［M］．北京：民族出版社，2005．

16.《门巴族简史》编写组．门巴族简史［M］．北京：民族出版社，2008．

17.《珞巴族简史》编写组. 珞巴族简史[M]. 北京：民族出版社，2009.

18. 西藏社会历史调查资料丛刊编辑组. 门巴族社会历史调查[M]. 北京：民族出版社，2009.

19. 陆孝平，富曾慈. 中国主要江河水系要览[M]. 北京：中国水利水电出版社，2010.

20. 耿全如，刁志忠，沈苏，等. 雅鲁藏布大峡谷国土旅游资源[M]. 北京：地质出版社，1999.

21. 冀文正. 珞巴族风情录[M]. 成都：成都时代出版社，2011.

22. 冀文正. 门巴族风情录[M]. 成都：成都时代出版社，2011.

23. 冀文正. 珞巴族民间故事[M]. 成都：四川民族出版社，2011.

24. 冀文正. 门巴族民间故事[M]. 成都：四川民族出版社，2011.

25. 冀文正. 珞巴族歌谣[M]. 成都：四川民族出版社，2011.

26. 冀文正. 门巴族歌谣[M]. 成都：四川民族出版社，2011.

27. 格桑，王蔷. 中国珞巴族[M]. 银川：宁夏人民出版社，2012.

28. 王丽平. 墨脱村调查[M]. 北京：中国经济出版社，2012.

四、论文

1. 于乐闻. 门巴族民间文学概况[J]. 西藏民族学院学报：哲学社会科学版，1980(1).

2. 洛思. 从博嘎尔民间传说看珞巴族的起源和社会发展[J]. 西藏民族学院学报：哲学社会科学版，1980(1).

3. 胡德平，杜耀西. 从门巴、珞巴族的耕作方式谈耦耕[J]. 文物，1980(12).

4. 吴从众. 祖国大家庭里的门巴族[J]. 西南民族大学学报：人文社会科学版，1982(2).

5. 杜耀西. 珞巴族农业生产概况[J]. 农业考古，1982(2).

6. 陈乃文. 门巴族的婚姻与家庭[J]. 西藏研究，1985(1).

7. 索文清. 西藏错那县门巴族概述［J］. 西北民族大学学报：哲学社会科学版, 1985(3).

8. 吴从众. 解放前门巴族的封建农奴制度（上）［J］. 西藏研究, 1986(1).

9. 吴从众. 西藏墨脱县门巴族的历史沿革［J］. 中央民族大学学报：哲学社会科学版, 1987(1).

10. 于乃昌. 痴迷的信仰与痴迷的艺术——珞巴族的原始宗教与文化［J］. 中国藏学, 1989(2).

11. 陈立明. 试论门巴族的家庭与婚姻［J］. 中国藏学, 1990(2).

12. 陈立明. 关于门巴族丧葬的考察与思考［J］. 西藏研究, 1991(1).

13. 姚兴奇. 门巴族狩猎文化中的禁忌［J］. 西藏研究, 1992(1).

14. 陈立明. 略论门巴族藏族宗教文化交流［J］. 中国藏学, 1994(3).

15. 陈立明. 门巴族的节日与礼俗［J］. 西藏民俗, 1994(4).

16. 刘志群. 西藏门巴族生殖崇拜及其祭祀活动［J］. 民族艺术, 1995(1).

17. 刘志群. 珞巴族原始文化（上）［J］. 民族艺术, 1997(1).

18. 刘志群. 珞巴族原始文化（下）［J］. 民族艺术, 1997(2).

19. 扎呷, 刘德锐. 西藏昌都四种传统社会组织调查［J］. 中国藏学, 2001(4).

20. 谷兆祺, 马吉明, 王琳, 等. 关于雅鲁藏布江水能资源开发的建议［J］. 水利发展研究, 2003, 3(10).

21. 陈立明. 珞巴族传统居住习俗及其变化［J］. 西藏民族学院学报：哲学社会科学版, 2003, 24(3).

22. 马宁. 门巴族非物质文化遗产及其保护［J］. 西藏研究, 2008(3).

23. 陈立明. 我国门巴族、珞巴族研究的历史回顾［J］. 西藏民族学院学报：哲学社会科学版, 2008, 29(6).

24. 李旺旺. 门巴族"舅权"制度初探——基于对墨脱门巴族田野调

查的研究[J].西藏民族学院学报:哲学社会科学版,2008,29(6).

25. 明伟.喜马拉雅山南麓的民族——门巴族[J].中国民族教育,2008(10).

26. 杨逸畴,高登义,李渤生.百年地理大发现:雅鲁藏布大峡谷[J].自然杂志,2009(6).

27. 陈立明.藏族与门巴族珞巴族历史关系简论[J].西藏民族学院学报:哲学社会科学版,2009,30(6).

28. 陈立明.门巴族、珞巴族的历史发展与当代社会变迁[J].中国藏学,2010(2).

29. 赵思思.人类学视野下的错那门巴族丧葬文化[J].桂林师范高等专科学校学报,2014,28(1).

30. 刘佳,过伟敏.门巴族、珞巴族传统文化研究综述[J].贵州民族研究,2015(11).

31. 李旺旺.墨脱门巴族文化变迁研究[D].咸阳:西藏民族学院,2009.

32. 向华娟.勒布门巴族婚姻与家庭变迁研究[D].咸阳:西藏民族学院,2011.

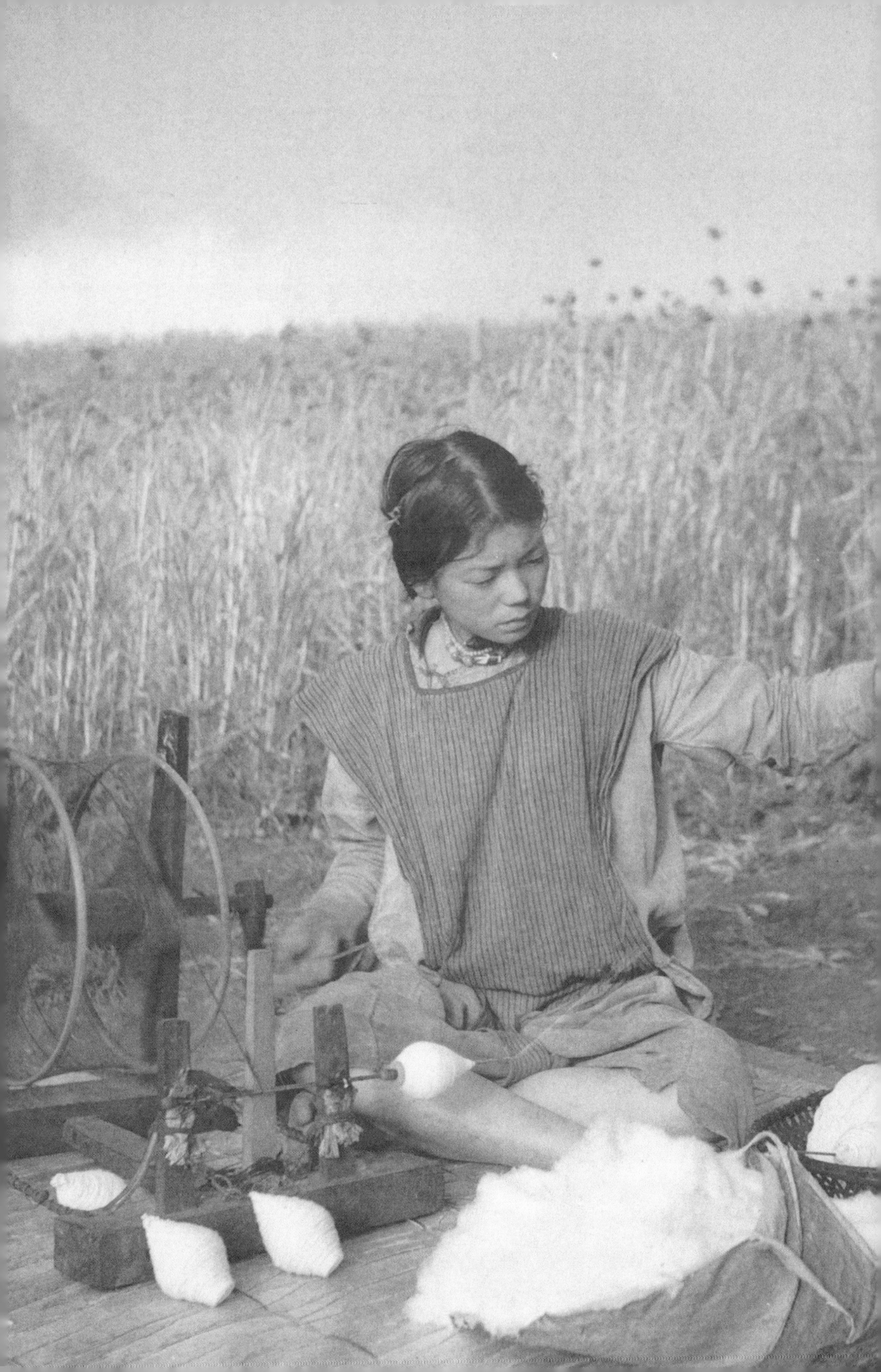

后　记

　　《喜马拉雅的原居客——门巴、珞巴民族口述影像志：1956—1996》《喜马拉雅的艺术之花——门巴、珞巴民族口述影像志：1956—1996》两书，主要收录了口述者（冀文正）1956 至 1996 年，在珞渝地区工作与战斗时所拍摄的影像与口述档案史料。这批珍贵的老照片，起始于 1954 年，不仅是中国人第一批（次）较详尽记载门巴、珞巴族同胞风情的文图档案（另据记载，至今仍未正式刊印出版的初编于 20 世纪 40 年代的《刘赞廷藏稿》原应有：边务记录八十余卷与刘赞廷"亲自以万分之一快机映得相片三千余张"，但今余书稿中虽含有与墨脱相关的卷册，很有可能少量包含墨脱风土人情在内的三千余张照片早已不知去向），也是包括藏族、门巴族、珞巴族在内的中国 56 个民族团结进步、携手迈向新生活的实证。更为重要的是，这批珍贵的老照片，表现了包括藏族、门巴族、珞巴族在内的少数民族与汉族同胞同心同德，追求和平与幸福的坚强决心；表现了包括藏族、门巴族、珞巴族在内的少数民族与汉族同胞万众一心，维护国家主权与领土完整的坚定意志。

　　本书成稿时，首先要感谢冀文正老先生半个多世纪前的艰辛与付出，以及对宣传、研究门巴、珞巴族持续一生的投入与努力。在这条苦寒而孤寂的立言之路上，老先生著作等身，屡获国际与国家级奖项。

　　整理者作为"藏二代"，其父亲焦东海与冀文正又属同乡。1949 年前，两人同窗共读，又一同参加中国人民解放军，分派在同一队伍，又一同进藏，一同战斗在祖国边陲。所以本书的编著，对于编写团队来说，感情与意义上都更显特别与亲切。

　　焦东海同志曾任十余年《西藏党史研究》的主编，他曾将"十八军进藏"与"西藏和平解放"的重大贡献，精概为三条：其一，推翻了反动的封建农奴制，解放了百万农奴；其二，改革了落后的政教合一制度；其三，彻底改变了西藏地方政府长期"有边无防"、任人吞食领土的险境。

对于这三点，本书通过一张张泛黄的老照片，用毋庸置疑的事实，从各个方面给予了诠释。特别是其中第三条，读者们要知道，正是这些曾经的小伙子，用"特别能吃苦、特别能战斗、特别能忍耐、特别能团结、特别能奉献"的老西藏精神，维护了如今国家主权的尊严与领土的完整；正是这些现今的垂暮老人，用曾经的血肉之躯铺起了民族进步与边陲和平的通途。

雪域的山峦，留下了他们的足迹；奔腾的江流，流淌过他们的汗水。共和国的历史不该忘记他们，共和国的公民不该忘记他们。

需要特别说明的是，书中部分图片的拍摄日期并非1956—1996年这个时间段，但因其独特、珍贵的文献价值，冀老先生和我仍决定将其收录于书中。此外，我们尽量与书中出现的相关人物取得了联系，获得他们的许可，但由于年深岁久、世事变迁，书中所载的大部分人均已离世；还有一部分人因为种种原因没能联系上。如果这些朋友看到本书，可与我或者出版社联系。

本书编辑时，首先感谢冀文正老先生的大力配合，从2016年至2017年，近两年时间内，口述者与整理者齐心协力，多次就图片和口述文字交流、沟通，数易其稿；也要感谢西藏作家协会会员罗洪忠先生前期的准备工作。虽然本丛书与他和冀老先生曾计划合作编写的图册，在体例与文字上已完全不同，但他计划编写的图册（完成部分草稿）还是为我们提供了很好的参考；感谢丛书作者之一范久辉先生，为本套书补充了部分图片，使这两册影像志图书资料更为丰满。

同时，我们还要向"国家出版基金规划管理办公室"的相关人员和推荐、评审专家们表示诚挚的谢意，他们的信任与支持，鼓励我们完成了这套意义与价值特殊的丛书；感谢西南交通大学出版社为本书的辛劳付出与大力支持。

焦虎三
2024 年